Una de las inquietudes e[...] inquietud, es el dinero. ¿[...] mos ganado, o pertenece a otro? ¿Tiene la Iglesia el derecho de demandar nuestro dinero? ¿Nos es de alguna ventaja ser dadivoso con lo que me ha costado tanto ganar? Mi amigo y compañero en el ministerio, Vicente Montaño, aborda estas inquietudes con dignidad, sabiduría y aplomo. Recomiendo altamente la lectura de este libro. No sólo será instructivo, añadiendo sustancia al don de dar, sino que le ayudará a encontrar verdadero deleite en ser generoso.

Dr. Paul Finkenbinder (Hermano Pablo)

Quiero agradecer a Dios por mi hermano Vicente Montaño. Y por la visión mas completa que he oído y experimentado cuando escuché y experimenté el tema: «*No es cuestión de dinero*». Tengo 45 años sirviendo a Dios y nunca antes había escuchado una revelación tan clara como esta. Este mensaje enriqueció la vida espiritual de nuestra congregación. Gracias hermano Vicente. Que Dios siga usándote.

Pastor Melquiades Urgelles
Iglesia Nazarena El Buen Pastor
Homestead, Florida

Tengo el privilegio de haber escuchado a Vicente predicar el mensaje central de este libro en nuestra Iglesia donde cientos de personas fueron testigos de la veracidad de él. Contiene un mensaje Bíblico, urgente y desafiante para la Iglesia de hoy. Como hispano, Vicente ha contextualizado el mensaje al mundo hispano. Lo recomiendo sin reserva.

Pastor Daniel de León
Templo Calvario
Santa Ana, California

No es
CUESTIÓN
de
DINERO

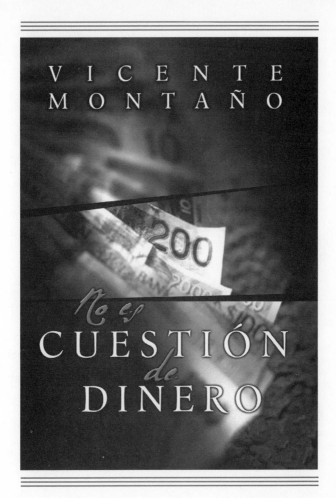

VICENTE MONTAÑO

No es CUESTIÓN de DINERO

BETANIA

Un Sello de Editorial Caribe

Betania es un sello de Editorial Caribe, Inc.

© 2002 Editorial Caribe, Inc.
Una división de Thomas Nelson, Inc.
Nashville, TN-Miami, FL, EE.UU.
www.caribebetania.

ISBN: 0-88113-715-4

CONTENIDO

Agradecimientos

Mi más profundo agradecimiento a mi madre, Melie Montaño de Herrera, por la vida que me dio y su ejemplo y guía para servir a Dios.

A mi muy amada y querida esposa, Esther Montaño, quien por estos más de dos años ha sido mi ayuda con muchos conceptos y perspectivas nuevas, y soportándome en todo. ¡Te quiero!

A mis cuatro hijos y mis tres lindas nueras. A los pastores Vicente Montaño III y Teresa, quienes me dijeron: «Siga adelante, todo saldrá bien».

A los misioneros Mateo Montaño y Betsy, quienes me preguntaban: «¿Ya terminó el libro?»

A Israel Montaño y Miriam, ministros de alabanza, quienes fueron los me impulsaron a comenzar a escribir.

A Isaac, quien siempre me recordaba escribir todos los días. A José Mena, de la ciudad de Orlando, quien siempre creyó en mí y me decía: «Puedes hacerlo aunque no te creas escritor».

Al pastor Ken Nichols, que ya está con el Señor, quien me ayudó con los primeros escritos y el título, y me animó a escribir esta obra.

Finalmente, a todos mis hermanos de las congregaciones donde impartía estas enseñanzas. Ellos me animaron a escribir estas verdades porque anhelaban tenerlas en sus manos en forma de libro.

Vicente Montaño

AGRADECIMIENTOS

Prólogo

Hace años que admiró a Vicente Montaño. Sinceramente, lo que primero le admiré fue su voz. A través de sus impactantes grabaciones, que escuché cuando niño, conocí una voz extraordinaria que me conmovía hasta lo más profundo del corazón. Años después. cuando tuve el gusto de conocerlo, me impactó una vez más. Esta vez me impactaron su calidad de persona, su trato caballeroso con todo mundo y su carisma particular. Vicente tiene un don de hacerlo sentir a uno como la más importante persona en todo el universo. Esto me impactó.

Con el correr del tiempo, Vicente Montaño me ha seguido impactando. Su carácter y testimonio impecable, su amor por el Señor, sus años de permanecer en el ministerio con integridad y transparencia son todas características atribuibles a este gran hombre de Dios. Su familia es impactante, su mujer una verdadera doncella de Dios, llena de gracia y hermosura. Son todos estos atributos lo que le dan a Vicente Montaño el derecho de hablarnos con toda propiedad y autoridad.

Los años de experiencia en el ministerio le han enseñado mucho a Vicente. Ahora tenemos el privilegio de aprovechar esas lecciones que Dios le ha mostrado. En este libro sencillo y profundo, podemos tomar de las experiencias, anecdotas y enseñanzas que estaban hasta ahora solo en el corazón de Vicente. Qué bueno que Dios nos concede el privilegio de estudiar estos principios a los pies de un gran maestro, un gran predicador, un gran Salmista y sobre todo, un gran hombre.

Gracias, Vicente Montaño, por esforzarte para dejar tus pensamientos por escrito para que muchas generaciones podamos seguir aprendiendo de ti. Eres un tesoro para el Cuerpo de Cristo.

Es con gozo que le invito a reflexionar, estudiar y recibir las enseñanzas que están contenidas dentro de estas páginas ungidas.

Con mucho cariño,

Marcos Witt
Houston, TX, Abril de 2002

PREFACIO

¿Por qué desde el principio de los tiempos estaban en el corazón de Dios las ofrendas y los diezmos? En los primeros capítulos de la Biblia, después de la creación del hombre, vemos cómo se presentaban ofrendas a Dios. La adoración y la alabanza se manifestaban en forma de dar, y el hombre daba de sus bienes. Esa clase de dar no significaba que Dios necesitara las posesiones materiales del hombre, sino que tenía el propósito de que el hombre pudiera cultivar su relación con Dios. Dar era entonces el conducto o vehículo de comunicación abierta que Dios usó con la humanidad. De esta manera el hombre reconocía la participación divina en su vida cotidiana; era como si dijera: «Señor, te incluyo en lo que hago y en lo que soy».

En mis años de ministerio he sido testigo de muchas cosas en la iglesia, la cual es mi vida. He visto altibajos, fortalezas y debilidades. Basado en mi experiencia, creo que una de las áreas en la que debemos prestar mucha atención es en el modo en que entregamos nuestros diezmos y ofrendas. El problema radica en que no comprendemos la influencia que los diezmos y las ofrendas tienen en nuestra relación espiritual con Dios.

La condición del corazón es importante desde la posición estratégica de Dios. Es en el corazón donde se produce la relación con Dios, por consiguiente allí es el punto de contacto. Puesto que nuestros diezmos y ofrendas son también una forma de alabanza, debemos darlos en la única manera en que Él puede aceptarlos: «En espíritu y en verdad».

La falla como iglesia es que muchas veces hemos quitado el énfasis espiritual de esta acción de dar y la hemos vuelto algo simplemente monetario. En este libro hablamos de la revelación e iluminación que Dios me ha dado sobre el tema de las ofrendas. Esperamos que, para su propio beneficio, usted considere en oración lo que expresamos aquí.

Capítulo 1

HONRA A DIOS

Hay dos elementos absolutamente necesarios que tienen que ver con las ofrendas a Dios:

1. El temor a Dios
2. La honra a Dios

Estos elementos convierten nuestro dar en una acción espiritual que es indispensable para que Dios reciba lo que le entregamos. Todo lo que hacemos para Dios debe hacerse en espíritu y en verdad. A menudo olvidamos esta realidad y no comprendemos que es clave en nuestra relación con Él. Lo que importa no es cuánto damos sino cuánto recibe Dios.

Honra a Jehová con tus bienes (Proverbios 3.9).

¿Qué es lo que Dios recibe de nosotros, bienes u honra? En realidad Él no puede recibir lo material, por tanto eso elimina los bienes. Sólo puede recibir lo espiritual, lo cual es la honra que le rendimos.

Es obvio que Dios se fija en quiénes le ofrendan de corazón, y sólo puede recibir la honra que le ofrecemos, no los bienes que le podríamos dar. Sin embargo, nuestros bienes son importantes porque es uno de los medios usados para honrarle.

¿Qué comprendemos por nuestros bienes? Nos referimos a lo que utilizamos para nuestro consumo diario con el fin de vivir aquí en la tierra. El sistema de valores que usamos para adquirir bienes y servicios en nuestra vida diaria se llama dinero.

Pero no es nuestro dinero lo que Dios anhela; no es allí donde está su enfoque. Sus ojos están en lo que Él puede recibir de nosotros cuando damos. Lo que le podemos dar es honra, utilizando al dinero como vehículo. La única razón por la que Dios acepte este medio material se debe a que es importante para nosotros y a que lo necesitamos para subsistir. Usamos el dinero para honrar al Señor debido al valor que le damos. Si no fuera valioso para nosotros, no tendría valor para Dios y no lo podríamos usar para honrarlo.

¿Por qué no honrar a Dios con el dinero?

Al principio de la historia bíblica no se usaba el dinero para los diezmos y las ofrendas, pues no existía. En esa época se utilizaban como medio de trueque los bienes de la vida cotidiana: animales, frutas, verduras, flores, etc. El diezmo se entregaba de lo que la gente intercambiaba según la necesidad diaria. Por ejemplo, si la necesidad era de lana, se cambiaba algo por un cordero; si se necesitaba leche, el trueque se hacía por una vaca. Así sucedía con todas las necesidades. Esa es la razón por la que la Biblia expresa que debemos honrar a Jehová con los bienes y no menciona el dinero.

Obviamente hoy día no vivimos en el sistema antiguo de intercambiar bienes. Nuestro sistema actual de intercambio es el dinero. Sin embargo, hay que recalcar que Dios no se complace con el dinero, pues este no significa nada para Él.

De la mano

En conclusión, es necesario honrar al Señor cuando le damos los diezmos y las ofrendas. Sin embargo, para que haya honra es indispensable que también haya temor de Dios. Estas dos expresiones, honra y temor de Dios, tienen el mismo significado: Gran reverencia y respeto.

Temer a Dios y honrar a Dios van de la mano. Los dos se complementan. Usted no puede honrar a Dios sin temerle, y no puede temer a Dios sin honrarlo. Si decidimos honrar al Señor sin temerle, nuestra honra viene «a ser como metal que resuena, o címbalo que retiñe» (1 Corintios 13.1). Es decir, hacer ruido, hacer obras, pero no de corazón. El Señor no acepta esta actitud.

Lo mismo es cierto a la inversa. Si decimos que tememos a Dios y no lo honramos, Él tampoco puede aceptarlo. No se trata de que el Señor no quiera aceptarlo sino que no puede, «porque quien llega ante Dios debe hacerlo en espíritu y en verdad». Cualquiera que tema al Señor debe automáticamente querer honrarlo; se trata de una reacción normal.

No puede haber temor sin honra, aunque muchos cristianos intentan enfocar a Dios de esta manera. Es importante resaltar que el temor y la honra son inseparables; de ahí que a menudo veamos juntos estos dos términos en la Biblia.

Al hablar de temer a Dios no hablamos del miedo natural, como lo entendemos. No se trata de la sensación que usted podría tener al percatarse de que no esta obedeciendo a Dios y creer que recibirá un golpe en la cabeza con un martillo celestial. Esta clase de temor a Dios se parece más a la actitud de un niño ante un padre abusador, que lo hace vivir aterrorizado. Ese no es el plan de Dios, ni es lo que anhela su corazón; Él ama a sus hijos y solamente les da lo que es bueno.

Hay algo en el corazón del Señor que le hace responder de manera generosa. Él responde abiertamente ante un corazón que sobre todo busca honrarlo con lo que en realidad tiene valor para quien ofrenda. Eso sí que toca profundamente a Dios y lo conmueve. Si pensamos que honra es *gran reverencia y respeto en presencia de Dios;* entonces cuando le damos honra, lo reverenciamos y lo respetamos. Cuando le tememos, la reverencia y el respeto son iguales en significado. Sin embargo, aunque ambos términos tienen significado similar, sus funciones son distintas.

Temer a Dios es la actitud interior del corazón, que siempre está allí las veinticuatro horas del día. Honrar a Dios es la acción exterior.

Estas dos expresiones, honra y temor de Dios, van de la mano, se necesitan mutuamente y están relacionadas.

El temor de Dios, esa gran reverencia, viene del interior del ser humano. Es en el interior del hombre donde la vida toma su significado, donde las cosas soñadas se vuelven realidad, donde los pensamientos del hombre dirigen sus pasos en el centro del dominio de la vida.

Cuando pensamos en una gran reverencia, su significado es de *profunda* reverencia. Aquí es donde la concentración está cautivada por la presencia de Dios, donde la mente no está vagando, y nada podría ser una distracción ante su presencia. Mostrar reverencia extraordinaria y profunda es como si el Señor mismo estuviera presente de modo visual y nuestros ojos estuvieran fijos en Él.

La honra a Dios se manifiesta mediante una acción o expresión externa. Por ejemplo, a través de una canción, de los talentos, de las habilidades; es decir, mediante nuestras vidas en el vivir diario. Todo esto se puede hacer de manera que honre a Dios. Sin embargo, aquí es donde a veces entramos en áreas que no son agradables a Dios. Tal vez nuestra canción sea sólo eso, una canción, y no un cántico que nazca del deseo de alabar y honrar a Dios.

Tomando a la música como ejemplo de algo que se puede ofrecer a Dios, es necesario reconocer que a veces se la interpreta simplemente para agradarnos a nosotros mismos o a otros, siendo nuestro enfoque el sonido o las voces en forma de entretenimiento. Como la motivación no está en honrar a Dios, Él no recibirá honra con esa clase de música; sin embargo, es lamentable que a veces ocurra esto en la iglesia. Los músicos cristianos tienen una misión que cumplir, la cual es una comisión ordenada por Dios. Cuando hacemos música con la motivación correcta le estamos dando honra.

Capitulo 2

El cielo se detiene

Experimentamos algo realmente extraordinario cuando hacemos que Dios se conmueva de modo profundo. En el caso de Abel, el Señor fue testigo con sus propios ojos de este verdadero dador que alcanzó testimonio.

> Por la fe Abel ofreció a Dios más excelente sacrificio que Caín, por lo cual alcanzó testimonio de que era justo, dando Dios testimonio de sus ofrendas (Hebreos 11.4).

He aquí la evidencia de cómo las ofrendas de Abel conmovieron el corazón del Creador: «Dando Dios testimonio de sus ofrendas». ¿Cómo es posible, para el hombre en esta tierra, conmover a Dios de ese modo? Que el Señor sea testigo de algo quiere decir que Él está viendo ese algo, que lo está observando, que le interesa mucho. Si Él está observando algo significa que lo considera muy importante. El hecho de reconocer a un individuo no es algo sin importancia; debe haber una razón importante.

En la acción de Abel hay algo que llamó la atención de Dios, y Él mismo dio «testimonio de sus ofrendas». Observe que no se trata de una ofrenda sino de varias. ¡Tenga la seguridad de que fueron muchas! Una vez que Abel saboreó esta clase de dar, debió haber cambiado su vida. Esta era la clase de ofrendas que hace que Dios quiera testificar. ¡Qué maravilla!

¿Qué clase de poder puede detener la actividad celestial diaria? ¿Qué se necesita para hacer que Dios quiera parar todo lo que es normal en los cielos y hacer algo fuera de lo común? Quizás por algo que realmente tenga peso ante sus ojos para que lo conmueva de tal modo, algo de gran valor para Él. La Biblia dice que Él quiere dar testimonio. ¿Dios?, pregunta usted. Sí, Él mismo. En el caso de las ofrendas de Abel no envió un mensajero, un ángel especial con muy buenas noticias por algo grandioso que se ha llevado a cabo. No, fue Dios mismo, el Todopoderoso, el Creador de todo, quien quiso hacer un alto en el cielo.

Ahora bien, puesto que era Dios quien iba a hablar, ¿cree usted que Él dejaría que alguno de los departamentos celestiales continuara sus actividades normales y no escuchara? No, Dios tenía un mensaje para dar. Ese mensaje tendría que sonar en todos los tiempos, para que lo escucharan todas las generaciones. Él debió haberlo sentido muy profundamente para hacer lo que hizo. Este no era un mensaje de todos los días, era un homenaje a algo de lo que había sido testigo. No se trataba de una gran cruzada donde miles estaban esperando con gran expectativa la manifestación poderosa de Dios. No tenía que ver con la construcción de un enorme edificio que se dedicara a la obra de Dios una vez concluido. ¿Qué captó la atención del Creador?

Surge la fragancia

¿Se conmovió Dios ante el testimonio de las ofrendas de Abel por la cantidad, la clase o el lugar en que las daba? No, el Señor no estaba recibiendo las ofrendas terrenales sino la fragancia que se elevaba hasta Él como un olor grato. Era una fragancia diferente que surgía de un corazón que tenía la verdadera motivación; un regalo puro que significaba dar honra a un Dios amoroso y dador de vida.

La fragancia que se elevaba de las ofrendas de Abel estaba muy bien mezclada con los ingredientes adecuados. Estaba bien mezclada con la honra, lo cual permitía que las ofrendas subieran. No se trataba de contribuciones o donaciones, como las llamaría el mundo, sino de ofrendas genuinas que conmovieron a Dios y que surgieron de un corazón que quiso honrarlo en espíritu y en verdad. El propósito al presentar estas ofrendas no fue el de concluir un edificio, hacer una ampliación o algo parecido (aunque todo esto es bueno, y gracias a Dios que se puede hacer). El propósito de las ofrendas de Abel era tan solo agradar y glorificar a Dios, dándole honra de este modo.

Estoy convencido de que podemos convertir nuestras contribuciones y donativos en instrumentos de honra. La motivación surge del corazón y de comprender que lo que hacemos no es para agradar al hombre. No debemos buscar reconocimiento por haber hecho una buena obra o haber dado una buena ofrenda. De lo que se trata es de una acción que exprese amor a Dios con algo que tenga valor para nosotros.

Excelente evaluación del corazón

Dios evaluó las ofrendas, tanto las de Abel como las de Caín. ¿Qué vio al evaluarlas? Procedió como lo hace con todo lo que hacemos para Él: Evaluó el corazón del dador. «Abel ofreció más excelente sacrificio». ¿Cómo determina Dios la excelencia? Cuando se conmueve su corazón. Además, para conmover el corazón de Dios primero es necesario que se conmueva el corazón del dador, como en este caso.

Quizás lo central en este pasaje sobre las ofrendas de Abel es si serían aceptadas o no. Por fe Abel hizo algo *para* Dios, como lo hicieron Noé y Moisés. El Señor tomó la acción de entrega de

Abel y la levantó a los niveles de los grandes héroes de la fe. Esto quiere decir que Dios estaba viendo la fe de Noé al construir el arca con el mismo valor que la fe de Abel al dar sus ofrendas.

Pasemos entonces a ver el caso de Abraham y veremos al hombre que fue llamado amigo de Dios por causa de su fe. Usted podría preguntar cómo se puede comparar la fe extraordinaria de este gran hombre, que lo hizo acercarse al Creador todopoderoso, con la fe de un hombre que simplemente se acercó para ofrendar.

Este es exactamente nuestro problema, y es la razón de que hayamos perdido el corazón de Dios en lo concerniente a dar. Tendemos a usar el proceso de evaluación humana y vemos el dar a Dios como un asunto económico. Nos resulta muy difícil verlo como una actividad espiritual, como lo ve el Señor.

Pocos en las Escrituras están al nivel de Moisés, el gran hombre de Dios; un individuo que en realidad tuvo que depender del Creador, un hombre que debió permanecer en el desierto y que se convirtió en el líder al que Dios encargaría la gran tarea que tenía a la mano. ¿Cómo podemos entonces comparar la fe de estos dos hombres, el uno que dirigió una gran nación por medio del desierto hacia la libertad, y el otro que solo dio una ofrenda?

Verdadero crecimiento y buenas raíces

Hoy día hay algunos que quieren ser cristianos y honrar a Dios, pero solo de labios. Son quienes no permanecen en Él ni crecen; estos entran y salen de la iglesia, y no maduran. ¿Qué pasa con ellos? No han aprendido a temer a Dios. Cumplen bien con la acción externa, pero su problema es la correcta condición interior del corazón, y la falta de gran reverencia y respeto ante la presencia del Creador.

Uno de los propósitos del temor a Dios es crecer en Él. Cuando nos acercamos al Señor por medio de nuestra reverencia es cuando las raíces empiezan a brotar. Se puede comparar a cuando las raíces penetran profundamente en la tierra abonada buscando los elementos nutritivos que dan el crecimiento, y que luego muestran en el tronco su fortaleza sobre la tierra. Después vemos el efecto en las ramas y en las hojas al florecer.

Lo mismo ocurre cuando entramos en la presencia del Señor. Allí nos convertimos en árboles fuertes que están bien regados y alimentados. Lo importante es que regresamos a su presencia en busca del verdadero crecimiento.

Cuando nos enfocamos en la presencia de Dios esta es como una luz que hace desvanecer la oscuridad y nos permite ver los alrededores. Se puede comparar a un árbol plantado junto a corrientes de agua que constantemente recibe vida del agua que humedece la tierra. Esto es lo que nos permite ir más allá de la adoración superficial en la iglesia, en que solo honramos a Dios de labios para sentir una parte de la acción. La actitud correcta también nos permite alinearnos con quienes están a nuestro alrededor que tal vez sí adoran en espíritu y en verdad, con verdadera reverencia y respeto. Es vergonzoso que algunos de nosotros perdamos tan gran oportunidad de crecer realmente en la presencia del Señor y de acercarnos con verdadera reverencia de corazón.

El enfoque interior

El temor del Señor es enfocarnos en la presencia de Dios en nuestra vida cotidiana. Es saber que en su presencia se confieren todas las bendiciones necesarias de la vida. Es estar en su presencia, en tal nivel de reverencia, que nuestros pensamientos se unen a los de Él. En resumen este libro trata de la presencia de Dios.

Una vida rodeada de gran reverencia y respeto significa que lo natural se vuelve borroso, se sale de foco; poco importa el hábitat en que nos encontremos. Cuando nos enfocamos en la presencia de Dios, el lugar pierde importancia. Podría ser dentro o fuera del edificio de la iglesia; poco importa. Sabemos que el verdadero temor de Dios se practica fuera de los muros del templo, en la vida diaria. Cualquiera puede reverenciar y respetar a Dios dentro del edificio de la iglesia. Afuera es donde los santos de Dios manifiestan si tienen o no el temor del Señor. En nuestro corazón mantenemos a Dios en reverencia cuando caminamos por la calle inhalando el aire que Él creó para que existiera la vida. Además es este sentir del corazón lo que nos impide anhelar el pecado.

Proverbios 8.13 dice: «El temor de Jehová es aborrecer el mal».

Un modo de ilustrar la cercanía de la presencia de Dios es como si Él estuviera a diez metros de distancia, simplemente observándonos de pie, y sin embargo estuviera con nosotros. Como buenos cristianos, Él siempre está con nosotros y no nos abandona. Él está allí cuando estamos ocupados en nuestras vidas cotidianas. Se acerca a nosotros en el momento en que lo reconocemos y le damos esa reverencia profunda y respetuosa.

Entonces ya no se encuentra a la distancia sino a nuestro lado, Él no puede evitarlo; se tiene que acercar debido a que este es su más grande anhelo, y funciona como un imán.

Dios nos da sabiduría en nuestros movimientos y actividades cotidianas cuando lo honramos con esa reverencia, necesaria para invitar su presencia a acercarse a nosotros. No solo nos da esa sabiduría sino todos los atributos y bendiciones que llegan con su presencia cuando nos enfocamos en ella.

Dios enseña el temor

Uno de los asuntos del que a menudo no estamos conscientes, y que simplemente pasamos por alto, es que Dios mismo nos enseña a temerle. Ni los hombres, ni ninguna parte natural de mi experiencia religiosa normal, me enseñaron a temer a Dios. Isaías 29.13 expresa: «Este pueblo se acerca a mí con su boca, y con sus labios me honra, pero su corazón está lejos de mí, y *su temor de mí* no es más que un mandamiento de hombres que les ha sido enseñado» (énfasis añadido).

Hoy día las personas se acercan a Dios con *palabras,* pero no de corazón. Esta es una preocupación para el Señor, porque esta forma de contacto no comunica a los seres humanos con Él. La *honra de labios* no es la única manera, como muchos creen, de acercarse al Señor. Él quiere oír de corazón cuando los hombres se acercan. Él no puede responder a palabras solas. Como hemos dicho muchas veces, y está escrito en su Palabra, la única manera en que Dios puede escuchar es «en espíritu y en verdad».

Sin embargo, hoy muchos intentan orar solamente con palabras. Tratan de alcanzar a Dios por medio de las enseñanzas y del entendimiento religioso. Sabemos que Él es Espíritu y que es Santo, y quien llega a Él debe comprender esto. No es con el intelecto que invitamos a la presencia de Dios sino con el espíritu.

Relación creciente

El *temor del Señor* es la base del verdadero cristianismo o de la verdadera relación con Dios; sin él no podemos mantener la relación. Usted puede ser un cristiano de nombre, ser parte de una buena iglesia, estar en la lista de miembros y tomar parte en todas las actividades, pero eso no garantiza que se mantenga para siempre en buena relación con Dios.

El temor de Dios es el primer paso básico que le da existencia a la fe. No es una etiqueta que usted se coloca, ni una idea que adopta. El cristiano cultiva una relación de temor mientras madura y crece en él la reverencia y el respeto.

Temer y honrar a Dios es un llamamiento para el corazón, no solamente una acción externa. Es una expresión de reverencia que viene de nuestra relación con el Señor. No es algo religioso ni una costumbre que se debe seguir y que más bien sería un ritual humano. Esto viene de la comprensión de que solo somos polvo y que Él es el Creador todopoderoso. Esa clase de temor de Dios debe estar presente cuando lo honramos con los diezmos.

Capítulo 3

Recibido o rechazado

Cuando usted entra a un palacio espera ver al rey. Supongamos que usted ha conseguido entrar y tiene en sus manos un regalo para él; lo más probable es que tendría estas inquietudes: *¿Le agradará mi obsequio al rey? ¿Lo recibirá o lo rechazará? ¿Expresaré con mi regalo todo mi aprecio y gratitud y todo lo que hay realmente en mi corazón? ¿Será suficiente? ¿Dirá mi regalo lo que quiero decir?*

Pues bien, ¿podría suceder esto en la vida real? Sí. Todo cristiano tiene en el Señor a su Rey, a quien debe honrar con sus bienes en forma de diezmos y ofrendas. Debido a que sus regalos representan el valor de la relación que usted tiene con el Rey, interpretan los verdaderos sentimientos que hay en su corazón y llevan vida propia.

Antes de poder ver al rey en su palacio sentiremos probablemente gran expectativa y emoción, temor y sumo respeto. La razón de nuestra visita es honrar al monarca. ¿Qué pasaría si el regalo que llevamos ante su presencia no es de su agrado, y le estamos dando algo defectuoso? Seguramente el rey rechazará ese obsequio, ¿no es cierto?

Cuando ofrecéis el animal ciego para el sacrificio, ¿no es malo? Asimismo cuando ofrecéis el cojo o el enfermo, ¿no es malo? Preséntalo, pues, a tu príncipe; ¿acaso se agradará de ti, o le serás acepto? dice Jehová de los ejércitos (Malaquías 1.8).

La pregunta que surge es: *¿Nos aceptará el Señor cuando le llevamos nuestro obsequio?* Cuando llevamos algo a Dios, Él siempre espera que lo hagamos en espíritu y en verdad, como condición para poder recibirlo. Esto también se aplica a todo lo que hagamos para el Señor o a cualquier expresión que tengamos hacia

Él. Lo debemos hacer en espíritu y en verdad; *Dios no recibirá nada que no esté dentro de esta condición.* Juan 4.23-24: «La hora viene, y ahora es, cuando los verdaderos adoradores adorarán al Padre en espíritu y en verdad; porque también el Padre tales adoradores busca que le adoren. Dios es Espíritu; y los que le adoran, *en espíritu y en verdad* es necesario que adoren» (énfasis añadido).

Cuando Jesús nos dice que «Dios es Espíritu» está haciendo la firme declaración de que es santo. Nos está haciendo saber que Dios el Padre no es carne, como nosotros, que somos débiles y confiamos en nuestra propia naturaleza humana. Dios no es un juguete que usamos para jugar.

Filipenses 3.3 dice: «Nosotros somos la circuncisión, los que en espíritu servimos a Dios y nos gloriamos en Cristo Jesús, no teniendo confianza en la carne». La circuncisión somos los creyentes, que pertenecemos a Dios y somos parte de la familia espiritual. Nuestra verdadera señal de ser parte de esa familia no son marcas externas en el cuerpo sino el poder del Espíritu Santo que nos regenera por dentro. A este tipo de circuncisión se refiere el versículo.

En Romanos 2.28-29 leemos: «No es judío el que lo es exteriormente, ni es la circuncisión la que se hace exteriormente en la carne; sino que es judío el que lo es en lo interior, y la circuncisión es la del corazón, en espíritu, no en letra; la alabanza del cual no viene de los hombres, sino de Dios». Estamos hablando de ser aceptados por Dios y de lo que Él acepta o no. Probablemente el rechazo de Caín y de su ofrenda no se debió a lo que estaba dando o no estaba dando. Se debió a que no estaba honrando a Dios con lo que le llevaba; Caín no tuvo prisa, pues la ofrenda no era importante para él. «Aconteció *andando el tiem-po*, que Caín trajo del fruto de la tierra una ofrenda» (Génesis 4.3, énfasis añadido). Más adelante en este libro daremos más deta-lles al respecto.

En el Nuevo Testamento vemos una historia similar a la de Caín. ¿Por qué fueron rechazados Ananías y Safira? Por la misma razón que lo fue Caín. Para Ananías y Safira no era importante honrar a Dios con lo que llevaron; jugaron con la cantidad (vea Hechos 5).

Ahora, pues, orad por el favor de Dios, para que tenga piedad de nosotros. Pero ¿cómo podéis agradarle, si hacéis estas cosas? dice Jehová de los ejércitos. ¿Quién también hay de vosotros que cierre las puertas o alumbre mi altar de balde? Yo no tengo complacencia en vosotros, dice Jehová de los ejércitos, ni de vuestra mano aceptaré ofrenda (Malaquías 1.9-10).

En la Nueva Versión Internacional en inglés el versículo 10 se puede traducir de la siguiente manera: «Mejor es *cerrar la puerta del templo* que traer ofrendas sin valor al altar» (énfasis añadido).

El Señor está diciendo aquí: «No aceptaré esto de tu mano, ni siquiera te molestes, debido a que tu corazón no me honra». ¿Por qué? Dios responde: «Porque yo soy el que soy, soy santo, y "en todo lugar se ofrece a mi nombre incienso y ofrenda limpia, porque grande [o respetado y reverenciado] es mi nombre entre las naciones" (v. 11). El mundo verá que yo soy Santo por tu re-verencia hacia mí, hijo mío. Mi nombre será levantado cuando sea santo y respetado por ti. No soy un Dios de ladrillo o piedra para ser tratado con manos humanas, o algo para ser pisoteado y tomado a la ligera».

> ¿Quién también hay de vosotros que cierre las puertas o alumbre mi altar de balde? Yo no tengo complacencia en vosotros, dice Jehová de los ejércitos, *ni de vuestra mano aceptaré ofrenda.* Porque desde donde el sol nace hasta donde se pone, es grande mi nombre entre las naciones; y en todo lugar se ofrece a mi nombre incienso y ofrenda limpia, porque grande es mi nombre entre las naciones, dice Jehová de los ejércitos (Malaquías 1.10-11; énfasis añadido).

A Moisés no se le permitió entrar a la tierra prometida porque hizo lo mismo que hacían los israelitas centenares de años después. Al golpear la roca en vez de hablarle, no siguió las instrucciones que el Señor le dio. Por tanto, Dios le negó la entrada a la tierra prometida. «Alzó Moisés su mano y golpeó la peña con su vara dos veces; y salieron muchas aguas, y bebió la congregación, y sus bestias. Y Jehová dijo a Moisés y a Aarón: Por cuanto no creísteis en mí, para santificarme [honrarme como santo] delante de los hijos de Israel, por tanto, no meteréis esta congregación en la tierra que les he dado» (Números 20.11-12).

A la luz moderna de este concepto diríamos que obviamente reconocemos haber dado a Dios la ofrenda, pero, a diferencia del rey terrenal, nuestro Rey examina el corazón y pesa el potencial del dar. Basándose en eso recibe o rechaza la ofrenda que le llevamos. Sin embargo, muchos de nosotros no nos ponemos a pensar en esto, ni mucho menos reconsideramos con qué motivación estamos llevando la ofrenda, como para que el Señor la reciba o no. No se nos ocurre imaginarnos que posiblemente seremos rechazados por Dios debido a la condición de nuestro corazón. Esta parte de nuestro dar es de suma importancia y merece reflexión; por tanto, no es algo que ha de darse por sentado. ¿Cuántas veces nos hemos detenido a pensar: *Aceptará esto Dios de mi parte?*

Puedo asegurarle que no son muchos los que nos detenemos y examinamos la verdadera naturaleza espiritual de lo que estamos haciendo para Dios. Nuestro dar se ha vuelto muy mecánico u orientado en proyectos. En nuestra mente no le damos a Dios la opción de recibir o rechazar. Vemos el asunto de un sólo lado: Se lo di y Él tiene que recibirlo. Esta es la actitud típica que tenemos cuando estamos dando dinero a Dios. Simplemente le damos dinero al Señor, pero no lo honramos. Debemos tener presente que el dinero resulta ser sólo un vehículo de intercambio que usamos para sobrevivir. Es un elemento necesario para nosotros, no para Dios.

No lo ame

Por esto Dios dice que no amemos el dinero, simplemente debemos utilizarlo como parte del sistema de intercambio. Si usted se enamora de este vehículo de intercambio, que es poderoso, este llegará a dominarlo. Se podría decir que el dinero lo poseerá a usted, en vez que usted posee el dinero. La Biblia nos advierte: «Raíz de todos los males es el amor al dinero, el cual codiciando algunos, se extraviaron de la fe, y fueron traspasados de muchos dolores» (1 Timoteo 6.10).

No debemos amar al dinero, porque lo que amamos nos controla de alguna manera. Somos nosotros quienes debemos usar y controlar el dinero. Este es un elemento precioso para nosotros, al cual vemos como un medio poderoso para adquirir muchas cosas. Sin embargo, cuando la abundancia que está a nuestra disposición nos controla, con el dinero también llega dolor, malentendidos y sufrimiento en abundancia.

Muchos males llegan a nuestro camino cuando el amor al dinero es el centro de todo lo que hacemos. Incluso llega a controlar nuestro carácter, y por eso muchos se alejan de Dios y caen en un estado errante. Por el dinero muchos cristianos bien intencionados están descentrados y su sistema de valores no está sintonizados con el sistema de la verdad de Dios. Por esa razón se han convertido en dadores poco entusiastas.

¿Rechazo?

Es difícil comprender que Dios quizás no reciba algo que le damos. Es incomprensible pensar que Él pueda rechazar algo que le ofrendamos. El problema es que el Señor no puede respetar el desgano o la falta de entusiasmo al dar. No hay lugar en la Biblia en que Él reciba algo entregado de mala gana; lo rechazará todas las veces, como en el caso de Caín. Es verdad que Caín le llevó una ofrenda, pero observe detenidamente y verá que en realidad su corazón no estaba en ella. Ya dijimos que el problema estaba en el mucho tiempo que le tomó llevar esa ofrenda. Después de todo era a Dios a quien se la llevaba, y eso significa que todo lo que llevemos a Dios merece inmediata prioridad y conciencia de lo que estamos haciendo.

Si el presidente de su nación lo invitara a usted al palacio de gobierno, como la Casa Blanca, ¿no trataría ese asunto como de máxima prioridad? Por supuesto que usted no le diría al gobernante: «Señor Presidente, ahora no tengo mucho tiempo y debo hacer muchas cosas». No, usted cancelaría todas las citas en su agenda, compraría un traje nuevo, un boleto, e iría a la cita con el Presidente.

Proverbios 16.2 dice: «Todos los caminos del hombre son limpios en su propia opinión; pero Jehová pesa los espíritus» o las actitudes del corazón. Dios no quiere ni puede utilizar nuestro dinero. Hubo algunas personas en las Escrituras que intentaron usar sus riquezas como medio de influencia, lo que también hoy día es algo común. Sabemos que el dinero significa poder, y que tiene un gran potencial para el bien; pero también sabemos que lo tiene para el mal.

Intento de impresionar a Jesús

Jesús mismo nos hace un llamado a no poner nuestro amor en el dinero porque con él sólo obtenemos cosas materiales. Cristo nos anima a buscar la verdadera riqueza que sólo Él puede dar: «Al salir Él para seguir su camino, vino uno corriendo, e hincando la rodilla delante de Él, le preguntó: Maestro bueno, ¿qué haré para heredar la vida eterna? Jesús le dijo: ¿Por qué me llamas bueno? Ninguno hay bueno, sino sólo uno, Dios. Los mandamientos sabes: No adulteres. No mates. No hurtes. No digas falso testimonio. No defraudes. Honra a tu padre y a tu madre. Él entonces, respondiendo, le dijo: Maestro, todo esto lo he guardado desde mi juventud. Entonces Jesús, mirándole, le amó, y le dijo: Una cosa te falta: anda, vende todo lo que tienes, y dalo a los pobres, y tendrás tesoro en el cielo; y ven, sígueme, tomando tu cruz. Pero él, afligido por esta palabra, se fue triste, porque tenía muchas posesiones» (Marcos 10.17-22).

Influyente, joven y rico

¿Por qué no se le da un nombre al joven rico de ese pasaje bíblico? Porque era muy conocido en su región. Todos en el pueblo lo conocían. Imagine a toda la gente que trabajaba para él, eran personas bajo su influencia. Este joven era realmente impresionable, y quiso ser aceptado por el Señor por lo que podía ofrecer. Cualquiera se preguntaría: *¿Por qué no, si era rico e influyente? El Señor podría usar a alguien así; alguien con influencia en el gobierno de turno; alguien que mostrara, aparentemente, el deseo de servir a Dios, y que tuviera riquezas para colaborar en la solución de muchos de los problemas que enfrentamos.*

Posiblemente el joven sintió el apoyo de los discípulos. Estos quizás exclamaron al ver que se les acercaba aquel hombre que todos conocían como rico: *¡Vaya! Mira quién viene a unírsenos.* Al mismo tiempo veían que el hombre se arrodillaba ante el Señor y tal vez comenzaron a orar de este modo: «Padre, guía a tu Hijo con mucha sabiduría y gracia. Ayúdale a tratar bien a este hombre. Él puede realmente ayudarnos en nuestra lucha contra los romanos. Padre, él tiene todas las herramientas necesarias para llevar a cabo lo que buscamos. Dale a tu Hijo un entendimiento especial y que escuche tu voz esta vez». ¿Qué pasó en este caso? Como ya sabemos, Dios escudriña el corazón, y ¿qué encontró, o qué no encontró, en el de este joven?

El corazón del joven rico no estaba dispuesto a honrar a Dios, y su dinero controlaba su carácter. Si hubiera tenido la sensibilidad para honrar a Dios con todo lo que tenía: juventud, riqueza, influencia y fama, además de su deseo de servir a Dios, el Señor le habría dado la bienvenida con los brazos abiertos. Estar dispuestos a honrar a Dios con lo que poseemos es lo único que Él quiere de nosotros y lo único que puede aceptar. Si el dinero del joven rico no hubiera estado en oposición al Señor, Dios lo habría aceptado.

La ofrenda de la viuda

El Maestro llevó a sus discípulos a un lugar donde las personas llegaban para adorar a Dios: «Estando Jesús sentado delante del arca de la ofrenda, miraba cómo el pueblo echaba dinero en el arca; y muchos ricos echaban mucho» (Marcos 12.41). Como usted puede observar, el Señor miraba con interés *cómo* estaban dando las personas. Él estaba muy interesado en esta expresión de dar. Esta era la ocasión en que el pueblo de Dios realizaba esa importantísima conexión con el Señor. Aquí Jesús se estaba enfocando en lo que es de su mayor interés: los corazones de los dadores. Hoy día ocurre lo mismo, Él está más interesado en cuál es la condición del corazón, y en si lo estamos honrando o no con gran reverencia y respeto, que en lo que damos.

«Y vino una viuda pobre, y echó dos blancas, o sea un cuadrante. Entonces llamando a sus discípulos, les dijo: De cierto os digo que esta viuda pobre echó más que todos los que han echado en el arca; porque todos han echado de lo que les sobra; pero esta, de su pobreza echó todo lo que tenía, todo su sustento» (vv. 42-44). Anhelo que usted vea algo que es parte de nuestra relación con Dios y que no se debe descuidar. En esencia, el Señor estaba diciendo a sus discípulos de entonces, y nos dice a nosotros hoy día, que dar es una expresión espiritual hacia Dios, la cual considera muy sagrada. Usted no puede burlar al Señor cuando le da sus diezmos u ofrendas. La manera en que lo hace afecta cómo usted ve a Dios y cómo comprende sus principios, lo ama y lo sirve, así como el modo en que Él lo ve a usted para bendecirlo.

Lo importante aquí es lo que nos queda después de dar. El enfoque del Señor fue que la viuda era pobre y que después de dar no le quedó nada. Los otros dieron y les quedaba mucha riqueza. El punto subyacente aquí es si Dios recibió, o no, lo que los demás dieron; y si Él fue honrado, o no, con las ofrendas que le llevaron.

No creo que debamos dar todo lo que tenemos, como lo hizo la viuda. Eso podría ser un extremo. Lo que el Señor vio fue la disposición de la viuda de honrar a Dios, algo que Él acepta todo el tiempo. Seguramente las ofrendas de quienes daban tenían muy poco valor para ellos mismos. Esto es algo que Dios nunca aceptará y, por consiguiente, no bendecirá a quienes dan de este modo.

La vara de medir

No es nuestra intención decir que Dios *no* se interesa en lo que damos, porque esta es la vara de medir de nuestra reverencia y valor que tenemos ante Él. Nuestra ofrenda de cualquier clase debe significar algo para nosotros. Esto es honra. No hay nada más que Dios pueda recibir de nosotros, nada material o terrenal, sino la honra que sale del corazón. Dios es espíritu y quienes lo adoramos *debemos* hacerlo en espíritu y en verdad.

La honra produce gozo

Cuando nuestras ofrendas están honrando a Dios hay gozo en nuestros corazones; y eso produce gozo en el corazón del Señor. La Biblia dice que cuando esto ocurre, Él ama a esa persona por ser un dador alegre. Lo más seguro es que el corazón de la viuda estaba lleno de gozo después de dar todo lo que tenía. Es igualmente seguro que la enseñanza del Señor en este caso es que, con su actitud, esta mujer obtendría tantas bendiciones que rebosarían. Quienes daban de sus riquezas, lo hacían de lo que les sobraba. Sin embargo, observe adónde fueron los ojos del Señor: a la viuda que de su pobreza dio todo lo que tenía.

El corazón es lo que determina el resultado. El factor de aceptación es muy importante. Para que Dios acepte la ofrenda lo mejor es darla en primer lugar, antes que todo lo demás en el sentido espiritual. Todo contacto de Dios con nosotros se basa en el corazón. No oramos sólo con la mente o con los labios; si el corazón no está sintonizado, la oración se vuelve insulsa; es decir, se convierte en una serie de palabras con buen significado, pero que no están alineadas con Dios. Nada que digamos o hagamos por Dios requiere que el corazón hable para que el Señor reciba u oiga. ¿Por qué? Porque Dios es Espíritu y es con el corazón o nuestro espíritu que nos comunicamos con Él.

Sin embargo, gran parte del cristianismo moderno hace exactamente lo contrario: intentamos comunicarnos con Dios sin el corazón ni el espíritu. Lo queremos hacer en nuestra adoración y alabanza en la plataforma, con sofisticadas orquestas, resaltando sonidos altamente profesionales y pulidos.

Seguramente todos creemos en la excelencia y en dar lo mejor para Dios, pero la primera consideración debería ser que Dios aceptara nuestra alabanza y adoración sentida en el corazón, pues eso le da honra. A veces para agradecer usamos distintos métodos como el aplauso, que está bien, pero que no sirve de nada si sólo es una acción externa; para que esos aplausos tengan valor requiere primeramente de una expresión interior. Por eso Jesús dijo: «La hora viene, y ahora es, cuando los verdaderos adoradores adorarán al Padre en espíritu y en verdad; porque también el Padre tales adoradores *busca* que le adoren. Dios es Espíritu; y los que le adoran, en espíritu y en verdad *es necesario* que adoren» (Juan 4.23-24, énfasis añadido).

Aquí es cuando entra la honra a Dios; es decir, cuando se realiza la comunicación necesaria. Allí es cuando Él puede aceptar lo que se le está dando. Me gustan las expresiones *busca* y *es necesario*. Recalco por eso que cuando se habla de llevar diezmos u ofrendas, «no se trata de dinero». Se trata de honrar a Dios.

El Señor solamente oye y recibe lo que sale del corazón. Quien honra con el corazón es bien recibido por Él. Esto es lo que nos mantiene sintonizados y definidos con su presencia, y muy conscientes de lo que Él nos está diciendo.

Un individuo que no tiene relación con Dios no puede temerle ni honrarlo. Quizás anhele ser cristiano, pero si no cambia su corazón no habrá estabilidad en su vida dentro de la iglesia. Siempre será inconstante con los asuntos de Dios. ¿Qué es lo que quiere usted?

Capítulo 4

APRENDA A TEMER

Antes de abrir las ventanas del cielo y derramar bendiciones de toda clase, creo que Dios quiere enseñar a su pueblo, y llevarlo al nivel de reverencia y respeto (lo cual es temer a Dios). Lo más importante para Dios es que crezcamos en Él y aprendamos a temerle, y como resultado seremos bendecidos. Cuando Él abra las ventanas del cielo también recibiremos bendición económica. Pero quiere que primero le temamos para que luego lleguen las bendiciones. De ahí que Él vea lo financiero como un asunto espiritual. Nosotros podríamos ver la escasez como un problema económico, pero Dios la ve como una falta espiritual. Regresamos al principio de que todo se trata de relación espiritual con el Señor para crecer y comprenderlo a Él y a sus verdades. Por eso al dar para Él nos fortalecemos, lo conocemos mejor, y crecemos en esa relación con Él.

No mal interprete lo que aquí decimos; creemos que darle a Dios siempre produce bendiciones. Usted le da a Dios y recibe a cambio. Esta es una ley divina que no cambia. Pero el deseo de Dios es mucho más que dar para conseguir. Él nos ama y quiere estar cerca de sus hijos; desea que dependamos de Él y que seamos realmente sus hijos. Adquiriendo la sabiduría que Dios da es como crecemos y maduramos, y como crece más y más nuestra comprensión de Él. Dios quiere enseñarnos y llevarnos a ese nivel de reverencia y respeto hacia Él.

No solamente el domingo

El hecho de que el temor de Dios sea interior significa que está con nosotros las veinticuatro horas del día. Esto quiere decir que Él está con nosotros todo el tiempo. Es lo que Él dio a entender cuando manifestó: «El temor de Jehová os enseñaré» (Salmo 34.11). Por el contrario, cuando es el hombre quien le enseña a usted a temer a Dios, eso se vuelve religiosidad, sólo para los domingos en la iglesia.

«Dice, pues, el Señor: Porque este pueblo se acerca a mí con su boca, y con sus labios me honra, pero su corazón está lejos de mí, y su temor de mí no es más que un mandamiento de hombres que les ha sido enseñado» (Isaías 29.13).

Debemos rechazar las formas humanas de obtener el temor del Señor. Este es un modo carnal de intelecto natural, dentro de métodos religiosos, ingeniados por el hombre. Lo contrario, el temor de Dios enseñado por Él mismo es algo espiritual que viene de su mano, lo cual es su especialidad. Creemos que el amor del Señor está en este proceso de enseñar a sus hijos cómo temerle; es decir, enseñarles reverencia y respeto.

«El temor de Jehová es el principio de la sabiduría, y el conocimiento del Santísimo es la inteligencia» (Proverbios 9.10). Este versículo parece estar diciéndonos que cuando el temor de Dios está presente, Él añade conocimiento a nuestra inteligencia, y Él mismo se nos revela. ¡Qué gran pensamiento!

Muchos de nosotros buscamos más y más de Dios, deseando conocerlo de un modo más personal. Necesitamos conocer más su corazón, con el fin de comprender las razones que tiene para hacer lo que hace y obrar como obra. Proverbios 9.10 lo expresa de modo maravilloso.

Dios, revelando más de sí mismo, es sumamente poderoso. El hombre ha intentado muchos métodos para entender el temor de Dios y que Él se le revele más. Seguramente esos métodos son buenos. Sin embargo, imagínese creciendo en el temor de Dios, o que Él le enseñe a temerle y a honrarlo, y al mismo tiempo se le está revelando poco a poco. La Biblia lo dice de esta manera: «Si como a la plata la buscares, y la escudriñares como a tesoros, entonces entenderás el temor de Jehová, y hallarás el conocimiento de Dios» (Proverbios 2.4-5).

Usted encontrará al Señor si desea su temor con la misma intensidad que anhela la plata y los tesoros escondidos. Sin embargo, este es un proceso mientras crece. Además, el temor del Señor es enseñado por Dios mismo cuando se profundiza la relación.

El gran deseo del Señor es que sus bendiciones estén siempre con usted. Como lo hemos dicho hasta la saciedad, el temor de Dios es gran reverencia y respeto. Esto es lo que producen sus dádivas. Invitamos el temor de Dios a nuestras vidas cuando vivimos en reverencia a Él. Dios es atraído por quien en su corazón anhela estar cerca de Él y quien siempre está consciente de que se le debe dar reverencia.

Mientras nos ocupamos de nuestras vidas cotidianas invitemos a Dios como nuestro Señor y compañero en las actividades de todos los días. No debemos buscar su ayuda sólo cuando lo necesitemos al enfrentar tragedias o problemas. No, Dios no debe estar a nuestro lado sólo para nuestra conveniencia. La reverencia a Dios es mucho más que eso; es un estilo de vida que tiene continuamente a Dios a nuestro lado, y no sólo en momentos de necesidad. Lo que honra al Señor es que lo tengamos fielmente a nuestro lado cuando las cosas estén yendo bien o cuando estén en un espiral hacia abajo. A eso se le llama darle el control de su vida, y es lo que desarrolla esa profunda relación con Él. Esto es verdadero temor de Dios, centrado en su presencia.

Nuestros pensamientos están influidos por nuestro Creador; por tanto, hacemos su voluntad, que es lo que lo honra. Él no está interesado en controlar todo movimiento, pues tenemos libertad moral. Él desea que seamos libres, no robots, y que vivamos bajo la amable guía del Espíritu Santo, para que nuestro servicio a Él se pueda sentir en el corazón.

«Si como a la plata la buscares, y la escudriñares como a tesoros» quiere decir que debemos anhelar y tener gran deseo del tesoro que es el temor de Dios. Pero esto no es algo indiferente en lo que sencillamente caemos. La búsqueda de ese temor de Dios debe ser organizada, planeada y muy deliberada. Entonces descubriremos y comprenderemos que necesitamos ese temor para reverenciar y respetar a Dios y a su presencia. Este es en realidad un tesoro de gran valor. ¿Habrá algo más grandioso que la presencia de Dios en usted, siempre en gran reverencia y respeto por Él?

Muchos han recorrido todo el mundo en busca de la presencia de Dios, sin saber dónde está ni cómo encontrarla. Dios está en todas partes, es todo en todo, llena la tierra con su gloria y su vestido es el manto que sostiene la tierra en su lugar. Él es el Dios sapiente y presente del universo. Está listo para responder a quien lo tenga en gran reverencia y respeto, es decir a quien tenga temor de Dios.

Conocimiento

«Hallarás el conocimiento de Dios» (v. 5) tiene que ver con

llegar a conocer realmente al Señor. Lo que Dios quiere es estar en el aliento de usted, en el interior de su patrón de pensamiento. No es de asombrarse que este temor de Dios dé sabiduría y que esa sabiduría sea para conocer a Dios y su pensamiento. ¿Cómo podemos nosotros, seres humanos, llegar a conocer a Dios, el Dador de vida y Creador de todas las cosas? No asombra que necesitemos continuamente un gran nivel de reverencia y respeto en nuestra vida. Tampoco asombra que Dios esté dispuesto a compartirse en una manera real y personal muy íntima para guiar nuestro futuro y todas nuestras decisiones.

> ¿Quién es el hombre que teme a Jehová?
> Él le enseñará el camino que ha de escoger.
> Gozará él de bienestar,
> Y su descendencia heredará la tierra.
> La comunión íntima de Jehová es con los que le temen,
> Y a ellos hará conocer su pacto.
> Mis ojos están siempre hacia Jehová,
> Porque Él sacará mis pies de la red (Salmo 25.12-15).

«¿Quién es el hombre que teme a Jehová?» (v. 12). Aquí la Biblia quiere explicar más quién es este que teme a Dios. Otra manera de expresar esto es: «¿Qué clase de hombre es este, que teme al Señor? ¿Qué atributos y qué clase de corazón tiene? ¿Quién está influyendo en él y de qué modo?» La respuesta es: Aquel que tiene en su corazón una profunda reverencia por la presencia de Dios, reverencia esta que nunca lo abandona. Ahora bien, ¿qué recompensa ha de tener? ¿Qué sacará del respeto y reverencia que siempre tiene por la presencia del Señor?

En las manos de Dios

Este hombre recibirá la verdadera seguridad para su futuro y el de su familia. «Él le enseñará el camino que ha de escoger» (v. 12a). Las decisiones correctas que se toman en la vida significan todo para el presente y el futuro. Por tanto, muchos de nosotros hemos experimentado tragedias en nuestra vida por la sencilla razón de no haber tomado decisiones correctas. Dios nos está diciendo aquí: «Mira, estaré en medio de ti y de tus decisiones. Estaré allí todo el tiempo, participando de tu proceso mental debido a que tienes un corazón de reverencia y respeto por mi presencia».

«*Gozará* él de bienestar» (v. 13a). El término «bienestar» cubre todas las áreas de la vida. Ciertamente aquí se está hablando de asuntos económicos, pero también de las áreas de la vida que el dinero no puede tocar con su poder. Es reconfortante ver aquí el verbo «gozar», que significa vivir bien, estilo de vida satisfactorio, estar rodeado de bendiciones, y disfrutar de prosperidad. Funciona de ese modo porque está tocando todas las áreas de nuestra vida cotidiana.

Hay una enorme lista de bendiciones; por ejemplo, la paz no se logra con dinero, y sin embargo todo hombre la anhela y aparentemente muchas veces la consigue con dinero. No obstante, la paz temporal es un elemento de vida necesario en todo el mundo. Las naciones van a la guerra para tratar de conseguirla y, sin embargo, el Señor nos da una verdad de vida: el temor de Dios (profunda reverencia ante su presencia). El plan del Señor ha sido siempre llevar a sus hijos a ese lugar de reverencia antes de distribuir bendiciones. Esta verdad siempre ha estado en su Palabra: «El temor de Dios trae prosperidad». Esto nos lleva más allá del reino de una experiencia religiosa que está manejada por el intelecto, y nos guía dentro del reino del Espíritu donde mora Dios.

«Y su descendencia heredará la tierra» (v. 13b). Cuando Dios bendice a un hombre, también tiene en mente a su familia. Las bendiciones del Creador van más allá de la mera intención de alcanzar sólo al hombre; también se extienden a su familia.

Nuestros hijos son tan importantes para Dios que Él nos asegura el cuidado de nuestros descendientes. Dios se refiere a «la tierra» como a la herencia de nuestros hijos; es decir, a las propiedades que poseerán para su estabilidad personal y familiar. Esto da realmente testimonio del poder de la mano de Dios para quienes podrían dudar de su capacidad de bendecir. Las semillas de profunda reverencia y respeto de ese hombre ante la presencia de Dios han salido de las cuatro paredes de su casa, y han florecido hasta tocar incluso a los hijos de sus hijos. Este es el poder de la presencia de Dios cuando la reverencia se extiende de generación en generación.

«La comunión íntima de Jehová es con los que le temen» (v. 14a). Para que alguien comparta un secreto es necesario que la persona a quien se lo cuente sea muy íntima. Esto es lo que Dios hace; Él se acerca para tenernos. Cuando Él llega ante los oídos de quien le teme, le dice cosas que no comparte con otros.

A Dios le encanta tener intimidad con sus hijos y compartir cosas que le son muy especiales. Además, ¿qué es lo que acerca su presencia a nosotros, y qué mecanismo lo acerca a nosotros? Es la reverencia y el respeto que tenemos por su presencia lo que lo acerca a nosotros.

¿Podría ser que si se conocen los secretos de Dios se pueda

conocer el futuro? Existen muchas preguntas que nos hacemos cuando ocurre una tragedia en el mundo. Sin embargo, saber los secretos de Dios es tener algo muy especial de parte de Él. Es como si usted tuviera la mente de Dios y no necesitara explicación para lo inexplicable.

No en vano la Biblia dice: «Nosotros tenemos la mente de Cristo» (1 Corintios 2.16). Debido a la presencia de Dios en nosotros, y a crecer en Él, obtenemos su modo de ver las cosas y comenzamos a apropiarnos de sus valores.

«Y a ellos hará conocer su pacto» (v. 14b). Aquí se habla del pacto hecho con Abraham, en que sus descendientes serían bendecidos: «Jehová dijo: ¿Encubriré yo a Abraham lo que voy a hacer, habiendo de ser Abraham una nación grande y fuerte, y habiendo de ser benditas en él todas las naciones de la tierra? Porque yo sé que mandará a sus hijos y a su casa después de sí, que guarden el camino de Jehová, haciendo justicia y juicio, para que haga venir Jehová sobre Abraham lo que ha hablado acerca de él» (Génesis 18.17-19). Este pacto es tan inclusivo que alcanza a las generaciones futuras, incluyendo a quienes hemos sido lavados en la sangre del Cordero.

«Mis ojos están siempre hacia Jehová» (v. 15a). Aquí se habla de estar centrados en la presencia de Dios con los ojos del espíritu y del alma, conscientes de que Él es Dios y que se le debe dar reverencia.

¿Cómo comprendemos este concepto de centrarnos en la presencia de Dios? Podemos visualizarlo como si el Señor mismo se presentara físicamente en nuestra casa y pudiéramos verlo con nuestros ojos. ¿Cuál sería nuestra actitud hacia su presencia? No podríamos movernos, nuestros ojos estarían tan enfocados en su presencia que todo a nuestro alrededor quedaría en sombras. No seríamos capaces de ver nada más que a Él. Tendríamos una gran reverencia por su presencia y nuestra mente no podría pensar en nada más. Si Él fuera a levantar su mano, o a señalar, o algo parecido, nuestros ojos estarían enfocados en todo lo que Él haría.

Este es para mí el verdadero concepto de cómo temer al Señor: una gran reverencia y respeto por su presencia.

«Porque él sacará mis pies de la red» (v. 15b). Este versículo habla de los enredos de la vida en que nos metemos de una u otra manera. Él estará en esas situaciones difíciles, que son aspectos de la vida de los que nos parece imposible salir. ¡Qué poderosa herramienta ha puesto Dios en nuestras manos para ser bendecidos cuando tenemos temor del Señor!

Los que aborrecen la sabiduría

Lo contrario al temor de Dios también es cierto: «Aborrecieron la sabiduría, y no escogieron el temor de Jehová» (Proverbios 1.29). Es muy triste ver que algunos prefieren no temer a Dios. En consecuencia aborrecen la sabiduría, como dice la Biblia.

Lo que me parece interesante es que la Biblia dice: «El principio de la sabiduría es el temor de Jehová» (Salmo 111.10). Aquí vemos exactamente que los que no escogieron temer a Dios rechazaron la sabiduría. Por consiguiente aborrecieron la sabiduría.

Por cuanto llamé, y no quisisteis oír, extendí mi mano, y no hubo quien atendiese, sino que desechasteis todo consejo mío y mi reprensión no quisisteis, también yo me reiré en vuestra calamidad, y me burlaré cuando os viniere lo que teméis; cuando viniere como una destrucción lo que teméis, y vuestra calamidad llegare como un torbellino; cuando sobre vosotros viniere tribulación y angustia. Entonces me llamarán, y no responderé; me buscarán de mañana, y no me hallarán. Por cuanto aborrecieron la sabiduría, y no escogieron el temor de Jehová, ni quisieron mi consejo, y menospreciaron toda reprensión mía, comerán del fruto de su camino, y serán hastiados de sus propios consejos (Proverbios 1.24-31).

El temor de Jehová aumentará los días, mas los años de los impíos serán acortados (Proverbios 10.27).

En el temor de Jehová está la fuerte confianza; y esperanza tendrán sus hijos (Proverbios 14.26).

El temor de Jehová es manantial de vida (Proverbios 14.27).

El temor de Jehová es enseñanza de sabiduría (Proverbios 15.23).

Con misericordia y verdad se corrige el pecado, y con el temor de Jehová los hombres se apartan del mal (Proverbios 16.6).

El temor de Jehová es para vida, y con él vivirá lleno de reposo el hombre; no será visitado de mal (Proverbios 19.23).

Riquezas, honra y vida son la remuneración de la humildad y del temor de Jehová (Proverbios 22.4).

El factor alimentación

«Comerás delante de Jehová tu Dios» (Deuteronomio 14.23). Este versículo trata con el diezmo, el cual por lo general está relacionado con los alimentos. Vemos esto con frecuencia en la Palabra de Dios. Pareciera como si diezmo y comida fueran de la mano. Tienen una correlación directa entre sí. Muchas veces en la Biblia se relaciona al diezmo con alimentos, mesa y comida. Espiritualmente hablando, ¿podría ser que el diezmo sea lo que nos capacite para comer (la Palabra)? Quizás sea necesario para la buena digestión espiritual de la Biblia. El diezmo es necesario. Sabemos que la Palabra de Dios se debe discernir espiritualmente, puesto que es algo espiritual.

Jesús dijo: «Las palabras que yo os he hablado son espíritu y son vida» (Juan 6.63). Por lo tanto, comprendemos la verdad de que para comer y digerir las Escrituras es necesario presentar primero el diezmo. Ya sabemos que la Biblia nos dice que los diezmos pertenecen a Dios, y que quien roba los diezmos es un ladrón (vea Malaquías 3.8). Malaquías 3.9-10 dice que si no diezmamos hay una maldición sobre nosotros, la cual alcanza a las bendiciones de Dios en esta vida.

La maldición bloquea a la bendición

Es necesario comprender por completo que no puede haber bendición de Dios cuando hay una maldición. El diseño de Dios siempre ha sido que de ningún modo puede bendecir donde hay maldición. Si bendice, sería una clara violación de sus principios, y Dios nunca viola sus principios y verdades eternas. No asombra que estos dos elementos del diezmo y el alimento vayan de la mano y se necesiten mutuamente.

El Antiguo Testamento hace un paralelo de estas verdades con el Nuevo Testamento. A los sacerdotes y levitas se les dijo que comieran parte de los diezmos ante el altar de Dios, en su presencia. Esto tipifica la comunión que era necesario tener con Dios, como ocurre hoy día por medio del culto de comunión. En ese tiempo los sacerdotes y levitas tenían contacto directo con Dios de manera personal e íntima. Esto les era necesario porque no tenían en ellos al Espíritu Santo. La presencia de Dios era el santuario donde estaba el arca.

El tapón de bendiciones

La maldición obstaculiza el crecimiento y la comprensión. Así es como Dios maneja la deshonra. Él no entrega bendiciones para una vida mejor en esta tierra, porque solamente el que honra será honrado. Cuando alguien tiene una maldición sobre su vida es probable que oiga un gran mensaje o una verdad bíblica, pero tal vez no capta claramente su significado espiritual. Escucha con oídos naturales, pero su espíritu no capta las profundas verdades espirituales que transmite la Biblia.

Nadie puede recibir espíritu y vida de la Palabra de Dios cuando existe un obstáculo obvio. Esa obstrucción bloquea el profundo entendimiento espiritual que necesitamos para ser guiados y crecer.

Ese obstáculo es exactamente la maldición, a la cual llamo un «tapón de bendiciones». Siempre habrá consecuencias por nuestra deshonra, porque en el corazón de Dios está recibir honra. Por supuesto, debemos recordar que no es el diezmo en sí lo que honra a Dios, sino el corazón que lo entrega en espíritu y en verdad. La gloria de su presencia entra en escena cuando el corazón de tal persona está listo para honrar a Dios.

¡Qué gozo! ¡Qué expresión poderosa ocurre cuando nuestro espíritu está sintonizado con la verdad de la Palabra de Dios al darle lo que le corresponde! Esto sucede porque mientras Dios es amor, también es verdad, la verdad eterna y perdurable.

El eslabón perdido

Diezmar es un eslabón directo para aprender a temer al Señor; por eso diezmamos. La Biblia nos dice: «Comerás delante de Jehová tu Dios...el diezmo de tu grano, de tu vino y de tu aceite, y las primicias de tus manadas y de tus ganados, para que aprendas a *temer a Jehová tu Dios* todos los días» (Deuteronomio 14.23, énfasis añadido). Tanto el diezmo como el temor a Dios están ligados y son inseparables. Esta es una gran verdad bíblica que no muchos logran ver. El diezmo se usa para las necesidades materiales del ministro. Pero desde la posición estratégica de Dios el diezmo tiene un uso superior: es espiritual. Como usted puede ver, cada vez que damos a Dios participamos en un humilde proceso de adoración. Al dar al Señor lo que le pertenece, llevándole lo que está a nuestro alcance y que es muy apreciado y necesario para nuestra existencia cotidiana, en realidad estamos haciendo una reverencia delante del Señor. Por consiguiente, rendimos espiritualmente nuestro control a Él y nos hacemos dependientes de Él. De ahí que sea muy importante honrar a Dios de corazón, y no sólo dando dinero.

El dar solamente dinero

¿Qué sucede cuando simplemente damos dinero? Podríamos controlar, y exigir algo a cambio, podríamos agradar y obtener favores. Podríamos tener tanta influencia que controlaríamos muchas situaciones de la iglesia o del ministerio. Esto afectaría las cosas de modo negativo y podríamos pensar que con nuestro dinero estamos ayudando espiritualmente.

Lo anterior es muy peligroso en la obra del Señor, porque se puede usar como una herramienta para el mal. Peor aun, ¡esta actitud detiene nuestro crecimiento y no nos lleva a temer a Dios! Entonces nuestra experiencia en la iglesia se vuelve muy religiosa; se convierte en una carga pesada sobre nuestros hombros. También perdemos mucho de lo que Dios tiene en mente para nuestro caminar con Él, además de su dulce presencia.

El dinero puede crear una actitud de dominio, porque el poder está en su misma naturaleza, y detrás de la actitud de poder está la manipulación. Por ejemplo, tomemos el caso de una persona de la iglesia que tiene un gran deseo de llegar a ser maestro de escuela dominical. Tiene mucho entusiasmo, extraordinaria inspiración espiritual, y anhela servir a Dios. Todo esto está muy bien. Sin embargo, el pastor ve que este individuo no está listo para hacerse cargo de ese tipo de ministerio y decide que necesita mayor crecimiento espiritual. La determinación del pastor en este caso debería ser suficiente y se tendría que acatar. Pero esta persona, que cree estar lista, comienza a evaluarse, hace a un lado la opinión del pastor, piensa que es digna y que su aporte es necesario para la iglesia debido a lo que da económicamente. En consecuencia tiene otro panorama de sí.

Puesto que el individuo de nuestra historia es un buen dador material, no comprende que sólo es un «dador de dinero». Cumple muy bien con los diezmos y ofrendas, y hasta con donaciones especiales. Por desgracia existen muchas personas que actúan así. Como en su corazón esperan recibir algo a cambio de lo que dan, exigen al pastor alguna posición. Hay cierta ceguera evidente en quienes tienen esta clase de corazón que no honra a Dios cuando dan. No pueden verse como los ve el Señor: sólo como dadores de dinero.

La compra de los dones de Dios

Todo esto trae a mi mente el relato bíblico de Simón el mago, quien pensó que el servicio a Dios era un asunto de dinero.

Había un hombre llamado Simón, que antes ejercía la magia en aquella ciudad, y había engañado a la gente de Samaria, haciéndose pasar por algún grande. A este oían atentamente todos, desde el más pequeño hasta el más grande, diciendo: Este es el gran poder de Dios. Y le estaban atentos, porque con sus artes mágicas les había engañado mucho tiempo. Pero cuando creyeron a Felipe, que anunciaba el evangelio del reino de Dios y el nombre de Jesucristo, se bautizaban hombres y mujeres. También creyó Simón mismo, y habiéndose bautizado, estaba siempre con Felipe; y viendo las señales y grandes milagros que se hacían, estaba atónito. Cuando los apóstoles que estaban en Jerusalén oyeron que Samaria había recibido la palabra de Dios, enviaron allá a Pedro y a Juan; los cuales, habiendo venido, oraron por ellos para que recibiesen el Espíritu Santo; porque aún no había descendido sobre ninguno de ellos, sino que solamente habían sido bautizados en el nombre de Jesús. Entonces les imponían las manos, y recibían el Espíritu Santo. Cuando vio Simón que por la imposición de las manos de los apóstoles se daba el Espíritu Santo, les ofreció dinero, diciendo: Dadme también a mí este poder, para que cualquiera a quien yo impusiere las manos reciba el Espíritu Santo. Entonces Pedro le dijo: Tu dinero perezca contigo, porque has pensado que el don de Dios se obtiene con dinero. No tienes tú parte ni suerte en este asunto, porque tu corazón no es recto delante de Dios. Arrepiéntete, pues, de esta tu maldad, y ruega a Dios, si quizás te sea perdonado el pensamiento de tu corazón; porque en hiel de amargura y en prisión de maldad veo que estás. Respondiendo entonces Simón, dijo: Rogad vosotros por mí al Señor, para que nada de esto que habéis dicho venga sobre mí (Hechos 8.9-24).

Más magia

Simón quería agregar uno o más trucos a sus engaños mágicos. No estamos seguros si era un verdadero creyente o no. Lo que sí es seguro es que no comprendía lo que pidió. Quiso algo que era muy santo para Dios, algo que los apóstoles entendían muy bien, pues ellos sabían qué era santo y qué no lo era.

Esta es una de las áreas de nuestro mundo de hoy en que necesitamos mayor discernimiento espiritual. Por desgracia, es muy superficial nuestra comprensión de lo que es santo para Dios. Esta perspectiva nos la da el Señor mismo, porque se discierne sólo de modo espiritual. Obviamente, para que este entendimiento sea nuestro, Dios debe estar muy cerca de nosotros y así transmitirnos su corazón. Es una ofensa a un Dios santo ofrecerle dinero por un don espiritual, como si Él lo quisiera o lo necesitara.

Hoy día hay mucha gente que hace lo mismo; trata de ofrecerle dinero a Dios y a cambio quiere algo. Es triste que no solamente pensemos de esta manera sino también que caigamos tan bajo al hacer eso. El asunto no es económico sino espiritual. *Debemos honrar (no comprar) a Dios con nuestros bienes.* No es cuestión de dinero.

Simón el mago no estaba en posición de oír el corazón de Dios. Por desgracia hoy día hay muchos cristianos que tienen el mismo problema: No están lo suficientemente cerca del corazón de Dios para oír lo que Él intenta enseñarles. Los apóstoles vieron dureza en el corazón de Simón, y cómo el hombre aun se asía de ese pecado. ¿Podría deberse su dureza a la ventaja competitiva que había tenido; es decir, a haber estado siempre frente al público, entreteniéndolo? Es cierto que fue bautizado y que ahora era un creyente. Es posible que aunque era cristiano, aun se considerara un artista, y todo artista tiene su ego.

Por consiguiente, Simón vio a los apóstoles como su competencia y quiso hacer lo que ellos hacían. Eso lo enloqueció, pues llegó a ver la obra de Dios como un entretenimiento público.

Hoy día vemos esa misma actitud competitiva hasta en la iglesia, como si el domingo fuera «un espectáculo» para entretener al pueblo de Dios. Me pregunto cuántos de nosotros no comprendemos que esto es un pecado ante el Dios santo. Los apóstoles advirtieron a Simón que debía arrepentirse de su maldad, la cual le obstaculizaba su servicio a Dios. Actualmente debemos hacer lo mismo; no necesitamos ningún impedimento en nuestro servicio a Dios, el cual siempre debe ser en espíritu y en verdad. Esto reverenciará a Dios, y le dará respeto y honra.

Comprendemos que Simón fue bautizado y que tenía alguna clase de relación con Dios. Es difícil saber si su fe era verdadera. Aunque Lucas dice que Simón era creyente, Pedro echa algunas dudas sobre él al declarar que no tenía parte en el ministerio de los apóstoles, porque su corazón no era recto ante Dios.

¿Para qué es el diezmo?

La comprensión general que se tiene del diezmo es que debe ayudar a la iglesia y al pastor, que al dar debemos ser aceptados como buenos cristianos y quizás de que Dios tenga alguna clase especial de misericordia porque ofrendamos y diezmamos. ¿Diezmamos por el bien que traen nuestras contribuciones? ¿Porque son deducibles de los impuestos? ¿Porque nuestro anhelo es ayudar en algún proyecto especial de la iglesia? ¿Para estar en buena relación con nuestra suegra y que así no moleste mucho? ¿Para ser bien vistos en la congregación y que todos crean que somos espirituales? ¿Para ejercer influencia ante el pastor y el liderazgo de la iglesia?

¿Cuál es el verdadero propósito del diezmo? La Biblia lo resalta muy bien: «Para que aprendamos a temer a Dios (gran reverencia y respeto) y se abra siempre la puerta para las bendiciones del Señor». Es necesario repetir que esta es una actividad sumamente espiritual. Los resultados finales de diezmar me mostraron que aprendí a temer a Dios y que las implicaciones de esto son extraordinarias. Significa mi verdadero crecimiento en Dios y una mayor comprensión de los caminos de Dios. Mi amor hacia el Señor crece en fortaleza, y por consiguiente cambiarán mis valores en la vida. ¡Pensar que todo se inició al honrar a Dios con los diezmos!

Otro aspecto del diezmo

Si usted piensa que una de las mayores maneras de ser bendecidos y de ver la mano de Dios de un modo especial es diezmando lo que se espera recibir, honre a Dios con el 10 por ciento de la cantidad que quiere de Dios. Sin embargo, si lo hace así en realidad estaría estrechando su fe como un ejercicio espiritual que honra a Dios. Tome en cuenta de que no se trata de un truco o de decir una palabra y automáticamente recibir algo a cambio.

El diezmo es un medio poderoso de poner la fe en acción y probar realmente a Dios. Si usted tiene alguna duda acerca del diezmo y si se considera hijo de Dios, se convencerá con los resultados de la acción de diezmar. Sin embargo, repito que Dios no obrará a menos que se le honre de corazón. En la Biblia muchos lo hicieron, pues es dando como se recibe. Recordemos lo que Elías le dijo a la viuda: «Hazme a mí primero de ello una pequeña torta cocida debajo de la ceniza, y tráemela; y después harás para ti y para tu hijo» (1 Reyes 17.13).

Una vez más hago énfasis en que diezmar no es cuestión de dinero sino de aprender a temer y a honrar al Señor, he ahí la clave. El temor de Dios es la base de nuestra fe cristiana. En el mundo cristiano de hoy hay muchos que tienen una afiliación religiosa, pero eso es todo. Otra cosa ocurre cuando usted entra en una relación espiritual continua, día a día, con Dios.

La Biblia dice: «Venid, hijos, oídme; el temor de Jehová os enseñaré» (Salmos 34.11). Parece que Dios mismo enseña el temor al Señor, aunque en este ejemplo está usando a David para la enseñanza; no obstante, la realidad es que Dios es quien enseña, y usa el medio que quiere. Este es un gran pensamiento. Dios nos está dando la lección de lecciones: usa el diezmo como una herramienta para tener la honra de su pueblo, y a cambio le enseña a ese pueblo a temerle. El temor es la base de nuestro cristianismo.

Pienso en las naciones que no temieron a Dios o que perdieron ese temor, lo cual probablemente es peor porque una vez conocieron al Señor de una manera grandiosa y personal. Estos pueblos vieron la mano de Dios moviéndose a su favor; es decir, saborearon su dulce presencia y poder. Ahora se dejaban guiar por sus propios deseos. Aunque conocían el bien, decidieron seguir el mal. Los vemos perdidos en su hechicería y adoración a ídolos; en ellos reina la enfermedad, y los males consumen a la gente. Todo porque no temieron al Señor de señores.

Cuando pienso en el versículo bíblico que manifiesta que el temor del Señor es «medicina a tu cuerpo, y refrigerio para tus huesos» (Proverbios 3.8) puedo ver cómo se fortalece la médula de los huesos y ya no es necesario un trasplante de médula. El poder del temor de Dios para bendecirnos toca inclusive nuestras necesidades médicas. La renovación de la médula de los huesos no es algo insignificante. No soy médico, pero sé que esta es una de las últimas alternativas que se toman cuando nuestra salud está fallando. Primero se intentan todas las transfusiones de sangre que sean posibles antes de transplantar médula. Alabado sea el Señor porque cuando le tememos Él se hace cargo hasta de la médula de los huesos.

Cuando un pueblo o nación rechaza a Dios, no recibe bendición: «Por cuanto llamé, y no quisisteis oír, extendí mi mano, y no hubo quien atendiese, sino que desechasteis todo consejo mío y mi reprensión no quisisteis, también yo me reiré en vuestra calamidad, y me burlaré cuando os viniere lo que teméis; cuando viniere como una destrucción lo que teméis, y vuestra calamidad llegare como un torbellino; cuando sobre vosotros viniere tribulación y angustia» (Proverbios 1.24-27).

Esa angustia de la que habla la Biblia es la falta de prosperidad en que viven esos pueblos. Conocemos naciones que viven así, por ejemplo en África, donde el vudú y la hechicería son sus dioses. En el instante en que se alejaron de Dios como su fuente de poder, se fueron por la senda de la falta de progreso para sus países. El versículo 28 dice: «Entonces me llamarán, y no responderé; me buscarán de mañana, y no me hallarán». Cuando no hay temor de Dios, reverencia ni respeto, Dios no responde.

Isaías 1.15 expresa: «Cuando extendáis vuestras manos, yo esconderé de vosotros mis ojos; asimismo cuando multipliquéis la oración, yo no oiré». ¿Cuál es el problema? Cuando los hombres no reverencian a Dios, no puede haber relación con Él. «Por cuanto aborrecieron la sabiduría, y no escogieron el temor de Jehová. Ni quisieron mi consejo, y menospreciaron toda reprensión mía, comerán del fruto de su camino, y serán hastiados de sus propios consejos» (Proverbios 1.29-31).

Si usted no hace caso a las advertencias de Dios, pagará las consecuencias y comerá el fruto de sus propios caminos. La prosperidad del Señor estará ausente y no habrá fruto que comer.

Llegan las bendiciones

Temer a Dios o reverenciarlo trae bendiciones. Hay muchas Escrituras que hablan de cómo bendice el Señor después de medir nuestro temor hacia Él. Usted tiene el caso de Abraham con su hijo Isaac. ¿Qué nivel de temor a Dios tenía Abraham? Creo que su ejemplo nos muestra que no todo el mundo está al mismo nivel. Este es un proceso de aprender a crecer, el cual dirige el mismísimo Señor.

Para ser conocido como el amigo de Dios, Abraham debió alcanzar los más elevados niveles de temor del Señor, con mucha reverencia y respeto. Esta es una profundidad que tal vez muy pocos han alcanzado. Sin duda alguna, en tales niveles Dios era indiscutible e inequívocamente el número uno en la vida de Abraham. Sin embargo, para probarlo, el Creador debió hacerlo pasar por una prueba muy difícil, que muy pocos pasarían. Esa fue literalmente una tortura para un hombre cuya edad era muy avanzada, y que ninguna persona normal habría podido soportar.

Tengo cuatro hijos, y no me puedo imaginar cómo sería que Dios me pidiera que matara uno de ellos. ¿Qué nivel de temor a Dios tendría yo para hacer eso? ¿Qué clase de relación tendría con Dios? ¿Cuál de mis hijos, lo más importante en mi vida, me pediría? ¿Sería el elegido mi hijo mayor, *Vicente III* (quien incluso es mi pastor), a quien puse mi nombre y el de mi padre para darle honra a papá porque yo fui hijo único? ¿Podría ser mi segundo hijo, *Mateo Santiago*, quien también es siervo de Dios como ministro de alabanza y adoración en su iglesia local, y que también ha servido en misiones en Nicaragua cantando junto a su esposa Betsy? ¿Me pediría Dios a *Israel*, también ministro y siervo de Dios en alabanza y adoración en su iglesia? ¿O a mi hijo menor, *Isaac Aarón*, quien también canta con Esther y conmigo cuando viajamos y ministra además a los jóvenes de la iglesia?

¡Cuánto dolor habrá sentido Abraham cuando Dios le pidió que sacrificara a su hijo! El propósito de todo el episodio era probarlo. Dios no quería a Isaac como una ofrenda. Eso se oponía a sus caminos, pues Él no quiere sacrificios humanos. En Levítico 20.1-5, Dios condenó esa práctica de naciones paganas como pecado abominable. Lo que Dios quería de Abraham era que sacrificara a su hijo en el corazón; que estuviera dispuesto a realizar una expresión externa del verdadero valor del Señor en su corazón. Dios debía probar a Abraham porque lo estaba preparando para que se convirtiera en un gran siervo. Este era el propósito total que Él tenía en mente para probar la fortaleza y el calibre de la fe del hombre.

Génesis 17.5 dice que Dios puso a Abram «por padre de muchedumbre de gentes»; le hizo la promesa de que tendría un hijo. El Señor se tomó su tiempo para hacer esto. Personalmente bajó un año antes y lo primero que hizo fue cambiarle el nombre a Abraham. Dios sella su promesa con un cambio de nombre. Con eso le estaba diciendo: «Te voy a usar. Ya no eres más quien has sido, ahora tienes una nueva identidad. Vívela y tu fe en mí crecerá». Abraham sería probado muchas veces más, pues tenía por delante un gran camino y su fe tendría que ser como el hierro. Tendría que tener un corazón dispuesto a honrar a Dios en los altares del dar.

El carácter espiritual de Abraham estaba en el proceso de ser desarrollado hacia el nivel de la perfecta constancia. Esto es como el proceso de estiramiento al hacer pan. La masa se debe estirar varias veces en muchas direcciones hasta obtener consistencia.

La Biblia menciona otro ejemplo cuando dice que seremos refinados como por fuego: «Para que sometida a prueba vuestra fe, mucho más preciosa que el oro, el cual aunque perecedero se prueba con fuego, sea hallada en alabanza, gloria y honra cuando sea manifestado Jesucristo» (1 Pedro 1.7). A veces Dios utiliza situaciones difíciles para lograr esto. Podemos quejarnos, pero para mantener la verdad, y dejar que se lleve a cabo ese proceso de refinamiento, es eso lo que edifica la torre de fortaleza en nosotros.

Acampa alrededor

Cuando crecemos en este entendimiento del temor de Dios, las Escrituras nos dan muchas verdades sobre cómo Él nos bendecirá de muchas maneras. Esta es una de las grandes promesas que el rey David también experimentó en su relación con Dios: «El ángel de Jehová acampa alrededor de los que le temen, y los defiende» (Salmo 34.7).

La presencia celestial de Dios se personifica en un ángel para nuestra protección aquí en la tierra. ¿Lo podemos comprar con riquezas terrenales? No, no podemos, porque Él es Dios dado a quienes temen al Señor.

«Acampar alrededor» tiene que ver con la seguridad celestial con que Dios rodea a las personas que lo reverencian en sus vidas diarias. Pensar que el Creador rodea a sus hijos para protegerlos contra todos los males, muestra su corazón para honrar a los suyos.

«Y los defiende» significa una firme defensa que Dios ofrece. Él no sólo acampa sino que defiende a quienes le temen de todo lo que los podría lesionar. 1 Timoteo 2.5 nos enseña que «hay un solo Dios, y un solo mediador entre Dios y los hombres, Jesucristo hombre». Él es nuestro intermediario, nuestro abogado, nuestro defensor, que está presente cuando de actuar se trata.

Salmos 34.7 está muy ligado con el versículo 8, que dice: «Gustad, y ved que es bueno Jehová; dichoso el hombre que confía en Él». Esta es una invitación a experimentar de este modo la bondad divina. Acérquese y vea la mano protectora de Dios en cada movimiento suyo. Si usted se refugia en Él, lo envolverá con su ropaje de guía amorosa. Cuando «gustamos la bondad de Dios», tenemos este resultado: «Temed a Jehová, vosotros sus santos, pues *nada falta* a los que le temen» (v. 9, énfasis añadido).

Dios lo bendecirá a usted con todas las cosas y no le faltará nada. Este pasaje bíblico es uno de muchos que prueban lo que hemos estado afirmando en este libro. El Señor anhela *llevarnos al nivel de temerle,* para luego abrir las ventanas del cielo y bendecirnos. Este es el plan de Dios para que las bendiciones se vuelvan parte de su vida diaria. No pida solamente para recibir, aunque eso también funciona porque Dios es bueno. Pida ese amor continuo que Dios expresa debido a la relación íntima que ha desarrollado cuando moramos en su presencia. Pida además que esa relación se siga desarrollando.

Capítulo 5

Cuando la honra se convierte en obediencia

En el caso de Abraham fue necesario el método que utilizó Dios para bendecir la buena relación entre ambos. El Señor escogió lo más valioso para el patriarca: Su único hijo, a quien amaba y quien iba a ser el examen de Abraham para con Dios. Como usted puede ver, si vamos a honrar a Dios debe ser con algo muy valioso para nosotros. A la reacción de Abraham se le ha llamado el acto más grande de obediencia en la historia. *Yo lo veo como el acto más grande de honra en la historia*, que cambió al mundo.

Cuando actuamos en la realidad del amor a Dios, procedemos como lo hizo Abraham. Este amor no se manifiesta necesariamente por la obediencia. La relación del patriarca con el Señor era de gran respeto y reverencia, y de agradar siempre a Dios. Nadie tuvo que decirle ni ordenarle hacer algo. Cuando amamos con un amor profundo y verdadero queremos honrar. Aquí es cuando la *honra se convierte en obediencia*. Donde hay honra, la acción de amar no está dictada por órdenes.

La prueba

Examinemos la manera en que Abraham llegó a honrar por obediencia. Ocurrió con instrucciones específicas. Después de todo, esta era una prueba: «Aconteció después de estas cosas, que probó Dios a Abraham» (Génesis 22.1). El Señor debió haber visto en Abraham algo para iniciar la prueba. ¿Qué pudo haber detectado? ¿Un cambio de valores? ¿Pensaba Abraham en Dios cuando miraba a su hijo, o se estaba olvidando de Dios por causa de su hijo? ¿Estaban cambiando sus prioridades? Lo primero que Dios vio es el amor de Abraham por su hijo. ¿Por qué era eso importante para el Señor? ¿Estaba celoso? He aquí un hombre que Dios escogió para iniciar su nación, Él le da milagrosamente un hijo, y ahora vemos cómo le pide ese hijo como ofrenda.

Para que Dios use nuestras vidas lo primero que prueba es nuestra relación con Él, y con esa base evalúa la obra que se debe hacer. Ahora, si hay algo que esté ocasionando interferencia, habrá alguna clase de prueba. Eso es de total importancia para Dios. Servimos al Señor porque lo amamos; esa es la motivación del servicio.

¿Por qué tres días?

¿Se puede usted imaginar una salida tempranera, la mañana siguiente, sin tiempo para pensar ni para planear nada? La salida era importante para Dios. Era parte de la prueba. Cuando el Señor le habla, usted no puede postergarlo y decir: «Señor, ahora no tengo tiempo, debo hacer esto o aquello».

¡Vamos! ¡Dios ha hablado! El más grande anhelo de usted es honrar esa voz del Señor. Usted se va de viaje por tres días. ¿Por qué tres días? Este es un tiempo de reflexión. ¿Pudo ser un tiempo para que Abraham se arrepintiera de lo que estaba a punto de hacer? Este fue un tiempo para reflexionar en toda su existencia, en el llamamiento de Dios en su vida, y en su relación con el Señor.

¿Cómo llegaron Dios y Abraham a ser amigos de ese modo tan poco común? ¿Cómo conoció Abraham a Melquisedec después de la batalla con los reyes, y cómo lo honró con los diezmos de todo el botín? Siendo Melquisedec el prototipo de Cristo, y al no habérsele ordenado a Abraham que le diera el diezmo, el patriarca reconoció la cobertura de la autoridad espiritual a la cual honrar. El diezmo de Abraham fue la expresión de esa honra.

Un viaje de tres días fue un tiempo bastante largo para pensar en lo que Dios le había pedido a Abraham. El Señor estaba a punto de probar el temor que le tenía, pues no sabía exactamente lo que estaba haciendo o lo que resultaría de eso. Cualquiera que sea el caso, el patriarca estaba dispuesto. Confiaba en su Dios; confiaba completamente en lo que el Creador decía y siempre estaba dispuesto a obedecer.

Isaac era su único hijo, el hijo de la promesa. Imagínese a Abraham diciendo: «No, esto no puede ser cierto. Debo estar soñando, quién se cree Dios que soy. Amo a mi hijo, él es mi amigo, vamos a pescar juntos. Qué no haría por mi hijo. Él es mi vida, mi esperanza, mi futuro, todo para mí. Es lo más importante que tengo».

Posible regateo

Abraham pudo haberle dicho a Dios: «Mira Padre, tú me enriqueciste y tengo mucho para dar. Hagamos un trato. Me has pedido algo que no parece correcto. Tú y yo esperamos mucho tiempo para ver el día en que naciera este muchacho. Era imposible para el hombre que naciera de manera natural, pues nació de una pareja de ancianos. Tú debiste hacerlo con tu poder milagroso. ¿No querrás haber gastado toda esa energía en hacer algo tan maravilloso, para ahora pedirme que me deshaga de mi hijo? ¿Qué dirán las otras naciones cuando averigüen que cometiste una equivocación al darme al muchacho en primer lugar? ¿Qué te parece si te doy mil ovejas, o quinientas cabezas de ganado, o quizás algunas de mis propiedades?»

Dios le habría respondido a Abraham: «No, quiero lo más valioso para ti, lo que amas más». ¿Por qué le respondería Dios de este modo? Porque sólo podemos honrarlo con lo que es de valor para nosotros. Si algo no tiene valor, o vale muy poco para usted, eso no puede honrar a Dios.

Pienso que el problema estaba a los ojos del Señor. Él es un Dios celoso, como dice la Biblia: «Josué dijo al pueblo: No podréis servir a Jehová, porque él es Dios santo, y Dios celoso» (Josué 24.29). El Señor debe ser primero en nuestra vida. Cuando algo en nuestra vida tiende a controlarnos, o se convierte en la niña de nuestros ojos y quizás llega a estar muy cerca de nuestro corazón, entonces Dios queda involucrado y cuestiona la situación. Nosotros pertenecemos a Dios, por tanto, podemos decir que le hemos dado todo el control. Entonces, ¿qué podríamos potencialmente ganar a los ojos del Señor por medio de este sacrificio humano? ¿Qué fortaleza espiritual se deriva de esta acción? Después de todo los cristianos no necesitamos nada más para debilitarnos o distraernos. Constantemente hablamos de estar fortalecidos en Dios y oramos unos por otros para mantenernos fuertes en sus caminos. Este es nuestro diálogo.

El diezmo es una acción espiritual. Ya dijimos que el dinero es sólo un vehículo que se utiliza para dar honra a Dios. Sin honra nada tiene valor ante los ojos de Dios. Él sólo puede ver y recibir el producto del corazón, entregado en espíritu y en verdad.

Solamente de labios

«Dice el Señor: Este pueblo se acerca a mí con su boca, y con sus labios me honra, pero su corazón está lejos de mí, y su temor de mí no es más que un mandamiento de hombres que les ha sido enseñado» (Isaías 29.13). Dios será honrado realmente por el hombre; esta es nuestra obligación espiritual. Debemos honrar al Señor, pero siempre en la forma de temor a Él; Dios no aceptará tal temor si no sale del corazón. Sin embargo muchos cristianos hoy día solamente le están dando culto de labios. Creen que de algún modo serán aceptados, y todo les saldrá bien, si dicen las palabras adecuadas. Piensan: *Acercaré a Dios hacia mí, lo diré de esta manera y Él escuchará. Esto lo honrará y a cambio Él me honrará como ha dicho.*

El Señor está diciendo que los corazones de tales personas están lejos de Él. ¿Cómo podría escuchar cuando no están sintonizados con Él; es decir, cuando no están en la misma frecuencia? Jesús dijo lo mismo cuando observó que los líderes religiosos estaban diciendo en voz alta sus oraciones para ser oídos por los hombres. Ese parece ser un problema crónico en la iglesia contemporánea. Algunas oraciones se hacen con el propósito de exhibición profesional. La Biblia llama a esto honra de labios.

Dios es santo. No es un juguete. Es nuestro Creador, nuestro Padre. No asombra que quedemos cansados de nuestra vida como iglesia, que nuestra vitalidad haya desaparecido y que sea sólo eso: vida de iglesia. Nuestra relación espiritual con Dios se convierte entonces en una relación religiosa basada en el intelecto.

Parafraseando Juan 4.23-24, el Señor dice: «Estoy *buscando* adoradores. Es esa clase de adoradores la que anhelo». Cuando

Él dice que está «buscando», nos da una idea de cuán bien cono-ce el corazón del ser humano. Sabe que el hombre se maravillará de la verdadera adoración que Dios le enseña. Es como si Él nos dijera: «Esto es lo que espero encontrar, ¿cuántos más quedan? ¿Dónde están? ¿Dónde debo ir a buscarlos?» El Señor nos dice que Él es diligente en su búsqueda y que para Él es importante, porque a tales adoradores puede escuchar.

El Señor nos está diciendo: «*En espíritu y en verdad* es la única manera en que ustedes *deben* adorarme, y no acepto ninguna otra. Es necesario cambiar algunas cosas. Hay algo mal. Su cora-zón no está en el lugar en que debería estar para que me honren» (vea Juan 4.24).

El temor de Dios enseñado por precepto de hombres

«Su temor de mí no es más que un mandamiento de hombres que les ha sido enseñado» (Isaías 29.13b). Existe un problema con el temor de Dios: que también debe estar sintonizado. Como ya dije antes, el temor y la honra tienen el mismo signifi-cado: reverencia y respeto; también deben ir de la mano, como se ve muchas veces en la Biblia. Son también importantes para el caminar cristiano, porque en el temor de Dios se edifica nuestra fe y es la base de nuestra relación con el Señor. Aquí Él está ha-blando de que hay hombres que enseñan el temor de Dios, pero esto no es posible. El temor de Dios es algo espiritual que sólo Dios puede enseñar.

Capítulo 6

❧

¿Es un deber la constancia?

La Biblia nos ordena: «Indefectiblemente diezmarás todo el producto del grano que rindiere tu campo cada año» (Deuteronomio 14.22). La palabra *indefectiblemente* significa «con seguridad, fielmente, sin falla, siempre». La idea expresada aquí es de *constancia en diezmar*. Como cristianos debemos saber que el diezmo le pertenece a Dios.

La pregunta de muchos es: ¿Por qué el Señor espera que el diezmo sea constante? Es decir, con fidelidad, regularidad, semanal, quincenal o mensual, según como recibamos el pago. ¿Qué pasaría si lo llevamos de modo irregular? Es decir, una semana lo ofrecemos a Dios como adoración y la siguiente lo usamos para algo más que consideramos muy importante. El período siguiente lo damos completo, o sólo una parte, y continuamos con ese sistema. ¿Qué ocurre en este caso? Su diezmo cambia de valor ante Dios y ya no puede honrarlo. El Señor solamente puede ser honrado con constancia. Esto es algo sumamente espiritual que hacemos, y tiene un resultado tan poderoso que *abre las ventanas de los cielos*.

¿Abre ventanas un diezmo?

Es necesario tener en cuenta que las ventanas de los cielos no se abren con uno, dos o tres diezmos. Se trata de una vida de constancia en dar y honrar con lo que se da. Es una continuidad de honra a Dios la que abrirá tales ventanas poco a poco, a medida que se prueba nuestra fidelidad. En cada caso es la fidelidad la que ofrece honra.

Supongamos que usted le dice a su esposa: «Te amo». ¿Qué espera ella de allí en adelante? Fidelidad a lo que usted ha dicho.

Usted no puede decirle esto un día y al siguiente decirle lo mismo a otra mujer, yendo y viniendo con este juego. ¿Qué estaría sucediendo? Que usted estaría utilizando a su esposa para su propia conveniencia. Cuando usted necesite algo que su esposa no le puede ofrecer, entonces va adonde la otra y ya no honra a su esposa; su palabra no tiene valor... esto es deshonra. Luego usted regresa ante su esposa y le dice otra vez: «Te amo». Esto no tiene significado para ella, porque no hay honra que apoye sus palabras.

Se nos ha dado una herramienta de honra llamada diezmo. Si lo damos cuando nos parece bien, cuando nos conviene, cuando nos sentimos bien acerca de Dios, o cuando nos gusta lo que hizo el pastor, o en cualquier otra circunstancia, el diezmo ya no tiene el mismo poder de abrir las ventanas de los cielos en su hogar, familia, hijos, etc. Toda nuestra vida cristiana es constancia.

Incluso usted podría decir: «Estoy en esta iglesia por alguna razón, pero no me gusta estar aquí. No me gusta el pastor o la organización a la que pertenece la congregación. En realidad no me importa si la iglesia triunfa». Si ese fuera su caso le resultaría muy difícil diezmar, ¡a menos que vea el diezmo como honra a Dios! Dónde se usen los diezmos y las ofrendas, y cómo se controlen no debería motivarlo a usted a diezmar o no. El diezmo pertenece a Dios y debemos ser constantes con Él. Esta idea también se aplica a nuestro caminar con Dios: Si no somos constantes en nuestra relación con Él (a veces prendidos y a veces apagados) sólo tendríamos una religión y no habría relación alguna con Dios.

«Honrar» es una palabra, pero detrás de ella hay un estilo de vida. Es como la palabra «amor». Es sólo un término, pero detrás de ella hay un estilo de vida que se debe seguir. Al no vivir tal estilo de vida se invalida la palabra, porque esta exige la acción que significa.

Lo que Dios ve

Jesús dijo en la parábola de los talentos: «Bien, buen siervo y fiel; sobre poco has sido fiel, sobre mucho te pondré; entra en el gozo de tu señor» (Mateo 25.23). El enfoque de los pensamientos de Dios no está en cuánto logramos, como se clarifica aquí: «Sobre poco has sido fiel». A Él le interesa la fidelidad en lo que estamos logrando.

El Señor ve la fidelidad como nuestro nivel de espiritualidad en nuestra relación con Él. Él no es un Dios que podamos utilizar como una marioneta; desgraciadamente muchos cristianos lo usan de este modo. Tiran de sus cuerdas en cualquier momento que lo necesitan para que sus manos se muevan hacia ellos. Sirven a Dios sólo cuando las condiciones están bien en casa, o lo llaman sólo cuando lo necesitan. El resto del tiempo están haciendo lo que les parece bien. ¿Podemos llamar a esto una verdadera relación con Dios o es un camino de una sola vía? La constancia es la medida real de nuestra fe. Así como comemos fielmente, también debemos diezmar fielmente.

Ejercicio de constancia

El ejercicio físico exige la misma clase de dedicación que el diezmo. Si usted se ejercita uno o dos días, y luego deja de hacer ejercicio por una semana, no puede esperar que su cuerpo reciba los beneficios de ejercitarse. Para que el ejercicio sea útil, y haga responder a su cuerpo ante la máxima presión que espera, debe seguir un programa constante de ejercicio y buenos hábitos de alimentación. Para propósito de tonificación, los músculos responden a un método lento pero continuo de ejercicio que los fortalecerá.

La prueba por medio de la constancia

¿Por qué no dar cuando sea más conveniente para nosotros? ¿O por qué no diezmar después de asegurarnos primero que todas las demás necesidades estén cubiertas? ¿Qué sucedería? Creo que entonces nuestro diezmo no podría honrar a Dios, porque *la honra se prueba por medio de la constancia*. De no ser así, honrar sólo sería una palabra sin verdadero significado para nosotros. En realidad, para que esa expresión tenga una virtud viva detrás debe marcar una diferencia y lograr los resultados esperados... no sólo religiosa ni metódicamente sino con un sentido verdadero de honrar a Dios con el corazón.

Siempre gozosos

Cuando tenemos una actitud de honra al dar nuestros diezmos y ofrendas, sin importar de qué cantidad se trate, nuestro corazón se llenará de ese gozo real y maravilloso.

En la época de Malaquías los israelitas habían perdido su gozo de honrar a Dios con sus diezmos. Dijeron: «¡Oh, qué fastidio es esto!» (1.13). Diezmar se había vuelto para ellos una actividad religiosa sin sentido, simplemente otro formulismo en su rutina de una relación sin amor a Dios.

Nuestro dar al Señor exige una relación de amor que necesita dos partes para poder expresarse. Dios expresa su amor hacia nosotros y nosotros hacemos lo mismo hacia Él. Pero cuando la carga se hace de un sólo lado, uno de ellos se convierte en una carga para el otro.

Hablando de la alabanza y la adoración sin sentido, el Señor dice en Isaías 1.14: «Me son gravosas». Aquí Dios se refiere a las ofrendas que se le daban. Hoy día en la iglesia moderna esto es un gran problema. Para muchos se ha vuelto gravoso dar el diezmo. Este es el origen de nuestra falta de constancia. En algunas congregaciones se vuelve un enorme peso espiritual. Este espíritu contagioso lleva a la iglesia hacia abajo, arrastrándola en espiral. *No hay gozo porque no hay honra a Dios.*

Honrar a Dios con lo que le pertenece a Él produce verdadero gozo. Usted no necesita cánticos animados ni música con ritmo alegre para ir gozoso hacia el altar y entregar el diezmo. Pablo dice que no nos dejemos engañar a este respecto y que tengamos cuidado de no burlar a Dios tratando de crear el gozo que provoca la música alegre, con la esperanza de que sea gozo por dar. «No os engañéis; Dios no puede ser burlado: pues todo lo que el hombre sembrare, eso también segará» (Gálatas 6.7). Recordemos siempre lo que estamos haciendo: presentando un obsequio espiritual a un Dios santo.

¿Quiere usted experimentar verdadero gozo cuando da? Separe el diezmo y la ofrenda de Dios en su mesa de comedor, donde suele comer con su familia, y dedíquelos allí al Señor en oración con sus seres queridos. En esa mesa es donde comenzarán las bendiciones para usted. Luego, cuando esté en camino a la casa de Dios, experimentará un verdadero gozo porque quiere honrar a Dios y le da de corazón. El diezmo para usted entonces no será un pensamiento de última hora, sino algo en lo que ha pensado con anticipación, esperando gozoso el momento de dar.

Máxima santidad

> Pero no se venderá ni se rescatará ninguna cosa consagrada, que alguno hubiere dedicado a Jehová; de todo lo que tuviere, de hombres y animales , y de las tierras de su posesión, todo lo consagrado será cosa santísima para Jehová (Levítico 27.28).

Otra gran fuente de gozo para nosotros es ver que lo que damos está dedicado a Dios: «El diezmo de la tierra, así de la simiente de la tierra como del fruto de los árboles, de Jehová es; es cosa dedicada a Jehová» (Levítico 27.30). Lo que hace esto tan importante es que Dios lo considera dedicado a Él. Nada que esté dedicado a Dios se debe tomar con ligereza, ¡es algo de peso! Nuestra vida debe honrar a Dios de una forma continua, lo cual produce gozo. Si no hay constancia, el resultado es que no hay crecimiento y que Dios no podrá revelarse a nosotros ampliándonos la comprensión de las verdades divinas.

¿Qué pasa con las bendiciones? ¿No juegan aquí un papel importante? ¡Así es! Dios es Espíritu y nosotros somos templos del Espíritu Santo. Cuando se trata de las bendiciones que Dios da, el asunto no es simple sino serio. Las bendiciones dependen de esta verdad de que la constancia debe ser parte activa. Esta actitud muestra el verdadero corazón, el cual no está sujeto a las circunstancias del día.

Capítulo 7

¿Dar por gratitud o por capacidad?

Muchos cristianos dicen: «Yo doy a Dios por gratitud». Eso está bien, pues una expresión de gratitud es maravillosa. El problema no es la actitud de si estamos dando con corazón agradecido o no. Aquí es necesario agregar que lo que Dios mira no es solamente la actitud sino también nuestra capacidad de dar. Le honramos cuando le ofrendamos.

El asunto es que para que Dios acepte lo que damos es muy importante la actitud. Sin embargo, a veces nuestra idea es darle cualquier cosa, incluso lo que tiene poco valor para nosotros. Piense en esto: ¿Puedo darle a Dios cualquier cosa que yo quiera mientras tenga la actitud adecuada?

La Biblia dice en 2 Corintios 8.12: «*Si primero hay la voluntad dispuesta*, será *acepta* según lo que uno tiene, no según lo que no tiene» (énfasis añadido). Por medio de nuestra disposición podemos ver una actitud que desea agradar a Dios; se trata de una situación de corazón que hace feliz al Señor.

Todo lo que se haga para Dios debe ser algo espiritual. El Creador lo dice claramente: «Cada uno dé como propuso en su corazón» (2 Corintios 9.7). Aquí se nos dice que si usted va a dar algo al Señor, Él no quiere que sea solamente de su mano sino de su corazón. ¿Por qué? Porque para Dios esta acción siempre es una expresión espiritual. Él no espera dinero, porque este no le sirve de nada. Sin embargo, nosotros lo utilizamos como un medio o vehículo. De ahí que para Él sea algo importante que el dar venga de un corazón que lo honre. Estamos hablando otra vez de un factor de relación.

Todo esto de honrar a Dios tiene que ver con la relación que tengamos con Él, y es todo lo que le interesa. Dios nos ama mucho a usted y a mí. Cuando lo honramos en espíritu y en verdad, su corazón se llena de gozo y nuestra relación con Él se fortalece. Por eso nos dice: «Si primero hay la voluntad dispuesta». ¡Cielos! ¡Cuánto anhela Él esa disposición de voluntad y corazón! Dios se parece mucho a un padre que dice a su hijo: «¿Quieres en realidad...? ¿Estás seguro de querer...? ¿Estás dispuesto a...» El Señor nos diría a usted y a mí: «Quiero la disposición de tu voluntad y tu corazón cuando me honres con tus bienes».

El factor aceptación

Otro factor que vemos en 2 Corintios 9.7 es el de *aceptación*. Si hay algo que queremos de Dios es ser aceptados por Él. Queremos que Él acepte todo lo que hagamos, digamos y demos. Cuando el Señor recibe lo que damos, se completa nuestra relación con Él. Allí es donde se encuentra el gozo. Por ejemplo, cuando le damos un regalo a alguien nos produce mucha alegría ver cómo la persona recibe lo que le damos. Esa es la culminación de nuestra intención y se cierra el círculo. Tenemos gozo cuando damos con nuestras manos y de corazón. ¿Podríamos comenzar a imaginarnos cómo se siente Dios cuando sus hijos cierran el círculo con Él? ¡Qué alegría da esto al corazón de Dios!

El potencial de dar

Ya tratamos con los dos primeros elementos de 2 Corintios 8.12: Voluntad dispuesta y aceptación. Pasemos ahora a tratar con el tercero: «Según lo que uno tiene»; es decir, la capacidad de dar. Dios es santo, y debido a esta característica no debemos jugar con Él. Él conoce todo. Si conoce nuestras mentes y nuestras actitudes, entonces obviamente conoce lo que tenemos y el potencial que tenemos para darle. Por ejemplo, un multimillonario se sienta en una banca de la iglesia. Cuando se pasa la canasta de la ofrenda, da cien dólares. La pregunta que me hago es: ¿Dio según su capacidad o su habilidad de dar? En este caso, lo que dio podría ser para él una propina.

No deja de asombrarme cómo los seres humanos intentamos engañar a Dios, sin saber que somos nosotros los que salimos engañándonos.

¿Es suficiente la gratitud?

Muchos cristianos con quienes platico me dicen: «Bien, yo le doy a Dios motivado por la gratitud». Eso no está mal; sin embargo, no es una excusa para darle lo que queramos. Piense en una persona muy rica que le da una miseria a Dios... por gratitud. ¿Es eso verdadera gratitud? ¿Prueba esa persona con esa actitud, cuando en realidad puede dar abundantemente, que en su corazón siente gratitud y termina actuando de esa forma? Como usted puede ver, esta es la razón de que el factor aceptación tenga mucha importancia en el plan del Creador. El diezmo o la ofrenda serán aceptados o rechazados, afectando por consiguiente toda la importancia de nuestra relación con Dios.

Dios no dice en ninguna parte de la Biblia que haya bendecido lo que ha rechazado. No existen principios en la Palabra de Dios que nos lleven a comprender que Él bendice lo que no recibe. Al contrario, según la Biblia, lo que Dios rechaza acarrea maldición. La maldición ocurre porque intentamos burlarnos de Dios cuando lo que damos no está de acuerdo con lo que podemos dar:

> Maldito el que engaña, el que teniendo machos en su rebaño, promete, y sacrifica a Jehová lo dañado. Porque yo soy Gran Rey, dice Jehová de los ejércitos, y mi nombre es temible entre las naciones (Malaquías 1.14).

La aseveración «mi nombre es temible» es una confirmación de un Dios santo, como lo dijera el Señor a Moisés, ante el mundo. Con esto regresamos otra vez al temor de Dios. Todo está conectado. Esta es una acción espiritual del Señor, como lo hemos dicho muchas veces. Sin embargo, vale la pena repetirlo para no olvidarlo: No se trata de dinero.

Simplemente pedir

Muchos llevamos nuestras vidas cristianas esperando y pidiendo misericordia. Vivimos de misericordia en misericordia y esperamos que Dios nos dé lo que queremos simplemente por nuestro ruego. Hacemos que nuestra conexión espiritual con el Señor esté únicamente en el altar de la petición. El tiempo que pasamos en oración es sólo para pedir favores a Dios. Simplemente pedimos, pedimos y pedimos. Creo que nos hemos vuelto «adictos a pedir».

Decimos a Dios: «Por favor hazme este bien, ayúdame en esta situación, tócame, sáname, guíame, me, me, me». ¿No se parece esto un poco a las ovejas: ¡Bee, bee, bee, me, me, me!? Este no es el plan de Dios para nosotros, sus hijos. Su diseño es la abundancia. Jesús dijo: «Yo he venido para que tengan vida, y para que la tengan en abundancia» (Juan 10.10). También dijo: «Dad, y se os dará» (Lucas 6.38).

Si obedecemos lo que la Palabra dice, podremos dar y honrar con ello a Dios, y Él lo aceptará. Sabemos que el otro pre-requisito es dar según nuestra capacidad. Dar por gratitud es bueno, pero usted muchas veces da lo que le sobra, o artículos de segunda mano. Como damos sólo por gratitud, entonces nos justificamos y pensamos que está bien actuar así.

¿A qué se debe esto? *¿Cuál es la diferencia entre gratitud y honra?* La gratitud es una expresión de agradecimiento por algo que usted ha recibido. Es decir, es algo recíproco; usted devuelve el favor que le han expresado. Por otra parte, la honra es totalmente distinta; es una acción sin justificación alguna, no solicitada, no dada como recompensa. Usted honra cuando da como una expresión de gran significado, o de gran valor personal. Honramos a Dios porque Él es Dios, no necesariamente por lo que nos da.

Qué es lo que nos sobra

¿Por qué no debemos dar a Dios lo que nos sobra? Pues bien, la respuesta de algunos sería que Él dio lo mejor que tenía, y eso es cierto. Otros dirían que Él es Dios y merece lo mejor, lo cual también es cierto. Algunos más dirían que el Señor dio su vida e incluso otros dirían que Él nos dio vida eterna. Todo eso es cierto. Sin embargo, existe una razón más convincente de por qué no debemos dar a Dios las sobras, y es esta: *¡Dios no recibe sobras o no puede aceptar lo que es de segunda mano para el hombre!*

Santos de un dólar

Durante el pastorado en la década de los setenta yo podía comprar casi tres galones de gasolina para mi auto con un dólar. El pan también era muy barato, costaba dieciocho centavos la barra. Siempre mi favorito ha sido el pan de siete granos, que en ese tiempo costaba cuarenta y dos centavos la barra. ¿Cuánta gasolina podemos comprar hoy día con un dólar? Menos de un galón, y en el verano aun menos que eso. ¿Y qué hay con el pan? Es más caro aun en la actualidad; mi favorito cuesta alrededor de $2,60. Todo ha aumentado mucho de precio en el mundo moderno.

Pues bien, cuando pastoreábamos en la década de los setenta y recogíamos la ofrenda, ¿qué daba la gente? Un dólar. ¿Qué da la gente hoy día cuando se pasa la bandeja de la ofrenda? También un dólar. ¿Qué es lo que pasa? Algo está desequilibrado en la iglesia actual. No estamos honrando a Dios de acuerdo con nuestra capacidad de dar. Un dólar de ofrenda ni siquiera asciende a una propina para una buena mesera.

Salimos del edificio de la iglesia, vamos al salón de confraternidad (restaurante) y disfrutamos un buen rato con todos los santos. Cuando llega el momento de pagar la cuenta, la mesera recibe más propina de lo que dimos a Dios. ¿Llamamos a eso honrar a nuestro Padre celestial? Si esa ofrenda no tiene valor para mí, ¿cómo podría honrar a Dios? Por supuesto que si Él no puede aceptar lo que le damos, tampoco puede bendecirnos.

El gran rechazo

Así como el poder y la presencia de Dios se demuestran cuando hace milagros y actos grandiosos, también se manifiestan cuando Él reacciona ante la deshonra:

> Cierto hombre llamado Ananías, con Safira su mujer, vendió una heredad, y sustrajo del precio, sabiéndolo también su mujer; y trayendo solo una parte, la puso a los pies de los apóstoles. Y dijo Pedro: Ananías, ¿por qué llenó Satanás tu corazón para que mintieses al Espíritu Santo, y sustrajeses del precio de la heredad? Reteniéndola, ¿no se te quedaba a ti? (Hechos 5.1-4a)

Esto fue lo que Pedro le quiso decir a Ananías: «Esa heredad estaba bajo tu dominio. ¿Tenías que venderla? ¿Te obligó alguien a venderla? Quisiste hacer por Dios algo que había en tu corazón». Lo que el apóstol Pedro le estaba sugiriendo a Ananías era que desde el momento en que ofreció la heredad a Dios, esta estaba dedicada al Señor, aunque el hecho no se hubiera consumado físicamente. Dios considera muy sagrado algo así. No podemos tocar lo ofrecido a Dios, pues ya se lo hemos entregado y ya no es nuestro.

> Y vendida, ¿no estaba en tu poder? (v. 4b)

Pedro continúa: «Ananías, ahora ya tienes el dinero en tu poder. Pudiste haber dado lo que pensaste dar originalmente. Nadie te ha forzado a hacer esto, eso ha estado en tu corazón y depende de ti honrar a Dios o no. Pero recuerda que lo ofreciste y que ya no es tuyo».

> ¿Por qué pusiste esto en tu corazón? No has mentido a los hom-

bres, sino a Dios. Al oír Ananías estas palabras, cayó y expiró. Y
vino un gran temor sobre todos los que lo oyeron. Y levantán-
dose los jóvenes, lo envolvieron, y sacándolo, lo sepultaron.
Pasado un período como de tres horas, sucedió que entró su
mujer, no sabiendo lo que había acontecido. Entonces Pedro le
dijo: Dime, ¿vendisteis en tanto la heredad? Y ella dijo: Sí, en
tanto. Y Pedro le dijo: ¿Por qué convinisteis en tentar al Espíritu
del Señor? (vv. 4b-9a)

Pedro quizás siguió hablando así, esta vez a Safira: «¡Dios es
santo! Él es Espíritu y no un ser humano para que lo deshonres
siempre que quieras hacerlo. No debes jugar con lo que le has
dedicado al Señor. No se trata de dinero. Una cosa es deshonrar
a Dios en tu corazón y otra muy distinta es que tanto tú como
Ananías hayan analizado el asunto, hayan conversado y se hayan puesto de acuerdo. Al hacerlo probaron la santidad del Señor».

Los cristianos de hoy día debemos tener muy en cuenta lo
que hemos leído en este libro y no cometer las mismas equivo-
caciones. *¡Dios es santo!*

He aquí a la puerta los pies de los que han sepultado a tu marido, y te sacarán a ti. Al instante ella cayó a los pies de él, y expiró; y cuando entraron los jóvenes, la hallaron muerta; y la
sacaron, y la sepultaron junto a su marido (vv. 9b-10).

Dios rechazó a Ananías y Safira pues no aceptó lo que ellos
habían permitido que entrara a sus corazones. Satanás llegó para
engañarlos haciéndoles creer que lo que planeaban era una cues-

tión de dinero. La Biblia dice: «El que es enseñado en la palabra, haga partícipe de toda cosa buena al que lo instruye. No os engañéis; Dios no puede ser burlado: pues todo lo que el hombre sembrare, eso también segará» (Gálatas 6.6-7).

Es muy fácil oír la voz de Satanás cuando está en juego algo que apreciamos o necesitamos mucho. Oímos su voz cuando aparentemente nos conviene lo que dice o cuando escuchamos lo que anhelamos oír. Entonces es cuando racionalizamos y decimos lo que posiblemente dijeron Ananías y Safira: «Está bien que tomemos una parte, de todos modos ¿qué van a hacer estos apóstoles con tanto dinero? Tal vez nunca antes han visto tal cantidad de dinero junta. A diferencia de Ananías y Safira, si actuamos bien seremos benditos, pues estaremos honrando a Dios».

Tanto Ananías como Safira estaban recibiendo instrucción acerca de la Palabra de Dios, pero dejaron entrar el engaño en su vida y terminaron pretendiendo burlarse de Dios. Viéndolo bien, hoy día ocurre algo muy parecido. Oro porque como Cuerpo de Cristo, la Iglesia, veamos esto como lo ve Dios: Las ofrendas no son básicamente dinero.

Ananías y Safira no se sintonizaron espiritualmente en lo que estaban haciendo. Quizás vieron el asunto como una de sus transacciones monetarias, como solían hacer en el mundo comercial. No se les ocurrió pensar que Dios podría rechazar lo que estaban dando. Posiblemente pensaron que estaban ayudando a Dios en su obra aquí en la tierra, ¿no es así? También pudieron haber creído que obtendrían mayor influencia entre este grupo de individuos que andaban por ahí haciendo grandes cosas por los demás.

Usted sabe que si observamos cuidadosamente, veremos que mucho de esto está pasando en la iglesia de hoy día. El pueblo de Dios debe revisar lo que está *consagrando a un Dios santo* (vea Levítico 27.28-30). Lo que está dedicado al Señor es santísimo para Él.

Moisés también pasó por lo mismo cuando no se le permitió entrar a la tierra prometida: «Por cuanto no creíste en mí, *para santificarme* [por tu falta de reverencia y respeto] delante de los hijos de Israel» (Números 20.12, énfasis añadido).

Nadab y Abiú, los hijos de Aarón, fueron rechazados por Dios, muriendo quemados delante del altar adonde llegaba el pueblo a entregar sus ofrendas (vea Levítico 10.1-2). El Señor dijo: «En los que a mí se acercan [en quienes vienen a darme sus ofrendas] me *santificaré*, y en presencia de todo el pueblo *seré glorificado*» (v. 3, énfasis añadido). Dios continuó diciendo a Aarón que cuando se ministra no se debe estar intoxicado, «para poder discernir entre lo santo y lo profano, y entre lo inmundo y lo limpio» (v. 10). Debemos estar conscientes de lo que estamos dando, es decir que no hay hacerlo sólo por rutina. No podemos estar intoxicados con los afanes de esta vida, pues nos impiden sentir la guía de Dios.

El Espíritu Santo nos ayuda diciéndonos: «Dios es santo. Esto no es un juego religioso. Cuando des a Dios debes honrarlo, y la honra debe venir de un corazón sintonizado con la dirección del Espíritu Santo, para poder detectar lo que es sagrado y lo que no lo es. Así podrán llegar las bendiciones. Como puedes ver, no se trata de dinero. Convierte tu dinero en honra. Entonces Dios podrá recibir lo que le llevas».

Capítulo 8

No se tarde

«No demorarás la primicia de tu cosecha ni de tu lagar» (Éxodo 22.29). En otras palabras: «No te tardes en dar tus diezmos». No debemos tardar en hacerlo porque estamos hablando de honrar, y la honra trata de lo que es de verdadero valor para el dador. ¿Podemos hablar de honra con relación a lo que ofrendamos al Señor, si lo que damos no tiene suficiente valor como para llevarlo a tiempo? Cuando para quien da es de gran valor su ofrenda, esta es lo primero en que piensa, es su prioridad, es lo más importante y tiene implícita la propia vida del dador. Todo esto tiene gran significado para nosotros como dadores.

Al tener el diezmo en la mano, sabemos que pertenece al Señor, pero a veces lo tratamos de esta manera: «Pues bien... allí está... bueno... creo que se lo daré a Dios... sí se lo doy. Lo llevaré al Señor cuando tenga ganas de hacerlo, cuando lo estime conveniente, o después de comprar ese traje [o cualquier otra cosa] que siempre he deseado. Después de todo, Señor, tú quieres que yo esté bien presentable en esa función de la iglesia».

¿Cómo se puede honrar a Dios de ese modo? ¿Es esa la actitud adecuada de honra? La clase de honor que Dios exige es una acción que en su naturaleza es muy espiritual, una profunda meditación sentida de corazón. Esto moverá el corazón del Señor. Nuestra honra al Creador debe ser de este modo, porque diezmar y ofrendar es algo espiritual, y Dios exige que se haga en espíritu y en verdad.

El Señor no nos está obligando a honrarlo. Si ese fuera el caso, entonces no sería honra, porque honrar es un acto de disposición sentido en el corazón. Para que el diezmo dé honra debe tener en orden cierto elemento de tiempo, y así se demuestra el valor que tiene para el dador. Pero si lo damos pensado que lo podríamos hacer cuando queramos, entonces significa que no es necesario hacerlo en el tiempo que Dios exige y que se podría hacer en cualquier momento.

Hay un tiempo específico diseñado para honrar con algo, porque dar honor es algo trascendental. Podría tratarse de un cumpleaños, un aniversario, un suceso importante, etc. ¿Qué pasaría si llega tarde a uno de estos acontecimientos? Usted podría decir: «Llegaré cuando pueda», pero eso no honraría a la persona homenajeada.

Honrar a Dios tiene un gran peso intrínseco, que es la reverencia y el respeto. Cuando no hay reverencia y respeto no se le puede honrar; y cuando no honramos a Dios, Él tampoco puede honrarnos. La gente sabe esto que digo, por esta razón no hay muchas personas llamadas Caín.

Llegar tarde

«Aconteció andando el tiempo, que Caín trajo del fruto de la tierra una ofrenda a Jehová» (Génesis 4.3). Tanto Caín como Abel tuvieron la misma oportunidad de honrar a su Creador por medio de una ofrenda. De esta manera Dios mantenía contacto con el hombre, y el hombre respondía ofreciendo algunos de sus bienes que usaba para subsistir.

Observo que el gran problema de Caín fue que su ofrenda no era importante para él, cuando en realidad debió haber sido de suma prioridad. Esa ofrenda *llegó tarde*, pues Caín la aplazó porque tenía otras prioridades. Esto quedó registrado inmediatamente en el medidor del Señor y sonó una alarma de urgencia en el cielo. «¡Miren! ¡Allá hay otro tan interesado en sus propios asuntos que está poniendo a Dios en un segundo plano!»

Dios trata de enseñar

Lo que Caín no comprendió fue que debía honrar al Señor. De este modo fortalecería la relación con su Creador, con Dios el Padre, acercándose a Él y conociéndolo de un modo más profundo. Este era un privilegio que sí escogió Abel. El corazón de Caín era el de un joven cuya fe era débil, por tanto no podía creer que Dios estuviera tratando de enseñarle algo.

Tanto Abel como Caín iban a hacer lo mismo: llevar una ofrenda al Señor. Ambos comprendían que esto estaba bien, que ofrendarían de lo que estaban produciendo o de lo que tenían como bienes. No creo que Dios esperaba que Caín le llevara otra cosa que no fuera lo que había plantado. Entonces el problema fue que Caín se demoró en llevar la ofrenda. Quizás aun no era tiempo de cosechar o no se había producido nada fresco. Pues bien, lo que debió haber hecho entonces fue llevar su mejor animal. Todo granjero tiene buenos animales para trabajar la tierra con ellos. Caín pudo haber llevado algo de valor para mostrar que tenía respeto por la presencia de Dios.

¿Por qué llegamos a tiempo al trabajo? Si llegamos tarde de vez en cuando no estaríamos respetando a nuestro jefe ni a nuestros colaboradores. Estaríamos demostrando el valor que tenemos por el trabajo que sirve para nuestro sustento.

El modo en que Abel valoraba

Por otro lado, veamos lo que hizo Abel. Él llevó las primicias, lo mejor. Las primicias son muy importantes para nosotros. Son un símbolo de nuestros primeros esfuerzos para progresar en la vida. Es como si dijéramos: «Voy por buen camino y este es mi primer paso para continuar mi éxito de aquí en adelante». Sin embargo, el pensamiento de Abel fue hacer una pausa y reconocer de dónde venía todo. Comprendió que era Dios quien se lo había dado. En gratitud le dio rápidamente al Señor lo primero y lo mejor de sus esfuerzos. Dar verdadera honra a Dios es darle las primicias, lo primero.

Había algo de urgencia de parte de Abel. Esto era importante para él. Quizás pensó algo como: «Lo hago ahora mismo, no demoraré ni lo dejaré para mañana». El resultado fue que el Señor miró con agrado la ofrenda de Abel, porque este lo honraba como quiere que lo honren todos los que llegan ante Él y le dan de sí mismos.

Dios ve al dador antes que la dádiva

El Señor vio a Abel antes de ver la ofrenda. Dios está siempre más interesado en el dador que en el regalo. Esto es sólo la expresión de lo que hay dentro del corazón del dador, y de cómo valora la dádiva quien está dando. El Creador nos pone en una balanza y nos pesa. La Biblia dice: «Todos los caminos del hombre son limpios en su propia opinión; pero Jehová pesa los espíritus» (Proverbios 16.2). Este es un ejemplo clásico del modo en que Dios ve la acción de ofrendar. El hombre se ve bien a sí mismo y cree que está haciendo lo correcto y que todo está en su lugar. Sin embargo, cuando está llevando su ofrenda al altar, entonces Dios levanta un letrero:

> Si traes tu ofrenda al altar, y allí te acuerdas que tu hermano tiene algo contra ti, deja allí tu ofrenda delante del altar, y anda, reconcíliate primero con tu hermano, y entonces ven y presenta tu ofrenda (Mateo 5.23-24)

Dios está pesando al hombre, no está interesado en esa ofrenda. Tiene el ojo puesto en quien da la ofrenda. Si usted recuerda que su hermano tiene algo en su contra, no que usted tenga algo contra su hermano, y deja su ofrenda frente al altar, el Señor le está diciendo: «No estoy rechazando la ofrenda. El problema eres tú. Ve y reconcíliate. Arregla las cosas con tu hermano. Enmienda la condición de tu corazón, y entonces aceptaré tu ofrenda».

Tenga en cuenta lo importante que para Dios es el corazón de quien ofrenda. Esto demuestra la naturaleza sumamente espiritual de lo que usted le da. No se trata de la ofrenda ante los ojos de Dios. Se trata de usted mismo.

¿Es el dinero lo más importante?

Jesús dijo: «¡Insensatos y ciegos! porque ¿cuál es mayor, el oro, o el templo que santifica al oro? También decís: Si alguno jura por el altar, no es nada; pero si alguno jura por la ofrenda que está sobre él, es deudor. ¡Necios y ciegos! porque ¿cuál es mayor, la ofrenda, o el altar que santifica la ofrenda?» (Mateo 23.17-19). Nuestro Señor Jesucristo está clarificando que los hombres tenían su entendimiento nublado en este asunto del dinero.

Por desgracia hoy día vemos lo mismo en el cristianismo. Cuando se expresa que los asuntos del dinero son espirituales, los sentidos se nublan porque los ojos están puestos en lo monetario. Cuando en la actualidad hacemos juramentos con la mano en la Biblia, esto se vuelve algo que debemos cumplir, como era en la antigüedad. Los fariseos enseñaban que sus juramentos se debían hacer usando el templo o el altar. La perversión estaba en que en sus juramentos comenzaron a dar más valor al oro o a las ofrendas que al altar o al templo.

Jesús está poniendo las cosas en claro. Él dice: «¿Qué es lo que Dios pesa como valioso? ¿Dónde está el valor de Dios cuando juntamos las ofrendas con el altar? En el altar». Lo que el Señor valora es la parte espiritual de esta acción.

Altares convertidos

Ahora que estamos hablando de altares es necesario manifestar que ya es hora de convertir nuestros altares en un lugar en donde damos a Dios, en vez de lugares donde vamos a pedir. *Todos los altares en la Palabra de Dios eran para darle a Dios*. No sé dónde nos salimos del camino, pero estamos fuera de foco en nuestros altares.

Hoy día los cristianos creen que el altar es un lugar para pedir favores de Dios. Pues no es así, el altar es un lugar de adoración al Todopoderoso, un lugar donde llegamos a alabar y a dar gracias, deleitándonos en el Señor. «Deléitate asimismo en Jehová, y él te concederá las peticiones de tu corazón» (Salmos 37.4).

Cuando nos deleitamos en el Señor lo estamos honrando. Él aquí está diciendo: «En realidad no tienes que pedirme nada; yo te daré lo que hay en tu corazón, no necesariamente lo que dicen tus labios».

Ninguna bendición donde hay maldición

Dios no viola los principios que ha determinado. Uno de ellos es que no puede bendecir donde hay una maldición. ¿Cómo puede el Señor, quien es justo, derramar bendiciones sobre quienes tienen una maldición por deshonrarlo?

Al ignorar esto, muchos en el pueblo de Dios siempre están pidiendo bendiciones, aunque hayan robado a Dios en los diezmos. Por eso varias personas en el mundo cristiano moderno están atrapadas en una telaraña religiosa de peticiones. Siempre están pidiendo y yendo de petición en petición, en vez de entrar en la presencia del Señor en alabanza, adoración y acción de gracias. Nos preocupa demasiado qué es lo que vamos a pedir a continuación.

Muchos de nosotros no estamos viviendo en abundancia, como Dios ha querido que vivamos. Cuán extraño sería que el Creador nos bendijera después de robarle lo que Él considera lo más sagrado; después de robarle a Él lo que Biblia dice que le pertenece porque le ha sido dedicado (vea Levítico 27.28-30). Debemos comprender que Dios no necesita lo que le damos. Sabemos eso. Este asunto es mucho más de relación espiritual con Él; además, es para nuestro propio beneficio.

El Señor no puede bendecir donde hay un bloqueo. Malaquías 3.9 dice: «Malditos sois con maldición, porque vosotros, la nación toda, me habéis robado». Este pasaje nos ayuda a comprender que hay que eliminar la maldición antes de que se puedan restaurar las bendiciones. ¿Qué clase de maldición es esta? Se trata de una maldición en esta tierra. Eso no significa que usted no sea salvo y que no vaya a ir al cielo si muere. Posiblemente usted sea salvo (aunque como por fuego) y vaya al cielo. Quizás sus pecados han sido lavados por la sangre del Cordero de Dios. Sin embargo, puede tener la maldición de no ser bendecido aquí en la tierra, pues no supo diezmar ni ofrendar como Dios le pide. Por supuesto, muchas bendiciones vienen cuando se abren las ventanas del cielo, en forma de sabiduría, salud, crecimiento, y también en las finanzas.

La maldición estará ahí para evitar el progreso y causar molestias en lo que necesitamos para la vida cotidiana. Esto es para que veamos de dónde viene nuestra ayuda. Con seguridad Dios quiere que dependamos de Él, porque no podemos ser suyos y suplirnos a nosotros mismos. Este es el papel de Dios. Él es el dador de todo.

Para quienes estaban bajo la ley, era pecado tener tal maldición. Para nosotros que estamos bajo la gracia, no es pecado. Sin embargo, es igualmente malo. Los cielos no se abrirán, no creceremos, comprenderemos poco la Biblia, tendremos mala relación con Dios. Esto da como resultado cristianos débiles y empobrecidos.

Hoy día usted puede pedir a Dios que abra las ventanas de los cielos y que le dé lo que necesita; pero si no cumple con Él no creo que Él pueda hacerlo. Estos son principios que Dios determinó. Exactamente como cuando el Señor nos perdona nuestros pecados y los lanza a lo más profundo del mar para no recordarlos jamás, así funcionan estos principios de Él.

Dios también cerró la puerta del arca en la época de Noé, aunque se oían los lamentos de las personas que pedían que se abriera la puerta porque estaban a punto de morir. Creo que el corazón del Señor es misericordioso y puede abrir cualquier cosa que le pidamos. Pero hay que tomar en cuenta que Dios se guía por sus principios. Quizás ahora mismo le dé a usted algo si se lo pide con desesperación, porque Él es misericordioso y es nuestro Padre amoroso. Sin embargo, este no es su plan para sus hijos. Él quiere abundancia para nosotros, no migajas. En muchos lugares de la Biblia vemos cómo Dios nos ofrece abundancia.

Usted puede pedir, suplicar, orar, ayunar, etc., pero Dios no puede bendecir donde existe una maldición. Él no va a actuar en contra de lo que ha establecido eternamente. Dios es inmutable y sus principios no cambian. Siempre serán los mismos. Ya sea en el Antiguo Testamento o en el Nuevo, Él es Dios. Las circunstancias no van a cambiar las cosas. Así que si quiere bendiciones, empiece diezmando y ofrendando a Dios en espíritu y en verdad.

El dinero cercano a su corazón

Puesto que el dinero es lo que nos rodea por todos lados, es muy importante en los asuntos de la vida. Es algo que está cerca de nuestro corazón. Lo estimamos mucho, aun cuando no lo amemos o creamos no amarlo. Si usted echa una mirada alrededor de la comunidad cristiana, puede ver algunos cristianos muy cerca de amar el dinero. Esta puede ser una fuerza destructora, porque el dinero es poderoso en todas las áreas de la vida. ¿Por qué cree usted que Dios nos dice: «Me honrarás»? El dinero nos dictamina el siguiente paso que debamos tomar, pues controla la mayoría de nuestras decisiones en la vida. *Por esto mismo es muy poderoso como para honrar a Dios con él.*

La Biblia dice: «Raíz de todos los males es el amor al dinero» (1 Timoteo 6.10). «Todos los males» está en plural, y es todo lo negativo que nos llega: enfermedades, conflictos, aflicciones, etc. Sus raíces se pueden encontrar muchas veces en el amor al dinero.

Otra verdad de esta Escritura es que se dirige a quienes no son dadores y encuentran difícil compartir con otros lo que poseen. Cuando su dinero los controla, en vez de controlar ellos al dinero, este se convierte en su dios y controlador.

«Ningún siervo puede servir a dos señores; porque o aborrecerá al uno y amará al otro, o estimará al uno y menospreciará al otro. No podéis servir a Dios y a las riquezas» (Lucas 16.13). El dinero tiene poder para convertirse en un señor. Jesús mismo lo está diciendo. En otras palabras, Dios y el dinero no pueden gobernar su vida, pues usted le daría su lealtad a uno o al otro. Si Dios tiene el control de su vida, Él quiere todo de usted. El Señor le está diciendo que si el dinero tiene el control, tomará todo de usted. Esto ilustra el poder del dinero. De ahí que cuando honramos a Dios con ese elemento poderoso, se pueden abrir ventanas celestiales espirituales sobre nuestro hogar y familia, nuestro trabajo, y sobre cualquier otra área de nuestra vida.

Capítulo 9

❦

Cambio de estilo de vida

Cuando honramos a Dios de modo correcto descubrimos que es fácil honrar a nuestro hermano. Es más, encontraremos que nos resulta difícil deshonrar a las personas. Cuando honramos a Dios con nuestro dinero ocurre algo que cambia nuestro modo de ver la vida y se vuelve fácil honrarle en todas las áreas de la existencia. Crece en nosotros el deseo de llevar una vida de rectitud.

Esta vida recta es un nuevo sistema de valores que cambia todo, incluyendo la existencia misma. Hay un significado distinto para muchas cosas en la vida. Esto quiere decir que el nuevo estilo de vida no es el sistema del mundo ni la manera en que el mundo valora las cosas. Esto nos coloca en un marco diferente de referencia mental o de pensamiento. Vemos todo distinto porque hemos llevado a nuestra vida cotidiana algo que tiene gran valor, y lo hemos convertido en un objeto espiritual de afecto para Dios.

Incluso el pecado no tiene la misma atracción. Las cosas que van contra la voluntad de Dios ya no son tan valiosas para usted. Proverbios 8.13 nos dice: «El temor de Jehová es aborrecer el mal». Esto es precisamente lo que ocurre. Dios nos está enseñando a temerle. Esa gran reverencia y respeto nos lleva en otra dirección que es agradable a Dios. ¿Se puede usted imaginar lo que significaría odiar el pecado? Ya no sería algo que disfrutaríamos, enfermándonos por dentro. Cuán maravilloso sería. Eso es lo que Dios hace cuando nos enseña a temerle. Quizás ahora podamos entender por qué las bendiciones de Dios entran en nuestro camino; cómo la sabiduría que sólo Dios puede dar se vuelve parte de nosotros, y cómo la protección que Él nos envía no se puede comprar con dinero.

Estas son algunas de las promesas para quienes temen al Señor. Vea cómo afectan el estilo de vida:

Bienaventurado el hombre que teme a Jehová, y en sus mandamientos se deleita en gran manera. Su descendencia será poderosa en la tierra; la generación de los rectos será bendita. Bienes y riquezas hay en su casa, y su justicia permanece para siempre. Resplandeció en las tinieblas luz a los rectos; es clemente, misericordioso y justo. El hombre de bien tiene misericordia, y presta; gobierna sus asuntos con juicio, por lo cual no resbalará jamás; en memoria eterna será el justo. No tendrá temor de malas noticias; su corazón está firme, confiado en Jehová. Asegurado está su corazón; no temerá, hasta que vea en sus enemigos su deseo. Reparte, da a los pobres; su justicia permanece para siempre; su poder será exaltado en gloria. Lo verá el impío y se irritará; crujirá los dientes, y se consumirá. El deseo de los impíos perecerá (Salmo 112.1-10).

Fastidiado por las ofrendas

Nuestro estilo de vida no será diferente, a menos que nuestro corazón cambie cuando damos a Dios. El dinero no es el problema. 2 Corintios 9.7 expresa: «Cada uno dé como propuso en su corazón». Este es el diseño de Dios desde el principio. Él exige adoración, la cual solamente se puede dar de corazón. Sabemos que si la honra se siente en el corazón, no llevaremos ofrenda sin valor.

Dios no quiere de sus hijos *cosas de segunda mano*. Esto le repugna, y en muchas partes de la Biblia lo llama abominación:

«No me traigáis más vana ofrenda; el incienso me es abominación» (Isaías 1.13). Aquí Dios está cansado de sacrificios de sangre en las personas, porque sus corazones no estaban en buena
relación con Él, no había honra, y la devoción no era sincera. No
era que Dios odiara los sacrificios de sangre que Él mismo insti-
tuyó, lo que criticaba era la disposición de corazón.

Vanas ofrendas

A lo largo de la Biblia vemos que muchos fueron rechazados
por no ofrendar de corazón. Dios declara en este caso con voz
fuerte: «¿Para qué me sirve, dice Jehová, la multitud de vuestros
sacrificios? Hastiado estoy [de ellos]...No me traigáis más vana
ofrenda; el incienso me es abominación...Lavaos y limpiaos;
quitad la iniquidad de vuestras obras de delante de mis ojos; de-
jad de hacer lo malo...Venid luego, dice Jehová, y estemos a
cuenta...comeréis el bien de la tierra» (Isaías 1.11,13,16,18,19).

Los sacrificios de sangre en tiempos del Antiguo Testamento
eran lo que se debía hacer, pues producían limpieza. Sin embargo, a veces se ofrecían sin devoción y honra. Como usted puede
ver, la correcta relación con el Señor era el único propósito del
pacto entre Él y su pueblo. Saber que Dios se agradaba o no
cuando el pueblo ofrecía sacrificios tenía que ver con lo que el
corazón del Señor sentía a este respecto. Actualmente nos rela-
cionamos con Dios del mismo modo, el factor de relación se
produce de acuerdo a cómo esté nuestro corazón cuando le
ofrendamos.

Honremos de corazón porque esta es una expresión espiritual. Así lo dice David: «No quieres sacrificio, que yo lo daría; no

quieres holocausto. Los sacrificios de Dios son el espíritu que-
brantado; al corazón contrito y humillado no despreciarás tú, oh
Dios» (Salmos 51.16-17). Aquí David dice que el deleite del Señor no está en los sacrificios de animales, que eran simples cere-
monias, sino en una relación espiritual contrita y humillada. Por
consiguiente, los sacrificios y las ofrendas sin un deseo sincero
de una relación correcta con Dios son abominación. Dios puede
recibir del hombre lo que este sienta, aunque no reciba directa-
mente objetos del hombre.

La Biblia nos enseña que Dios no «es honrado por manos de
hombres, como si necesitase de algo» (Hechos 17.25). Además,
«dad a Jehová la honra debida a su nombre; traed ofrendas, y venid a sus atrios. Adorad a Jehová en la hermosura de la santidad;
temed delante de Él, toda la tierra» (Salmos 96.8-9).

No sólo obediencia

No sólo se trata de obediencia sino de que Dios quiere honra.
Usted puede obedecer sin honrar; y también puede hacer lo correcto con maldad en el corazón. Usted no necesita corazón para
obedecer, pero sí lo necesita para honrar. Por eso Jesús dijo:
«Honra a tu padre y a tu madre» (Mateo 15.4). Aquí Jesús está diciendo: «No quiero que solamente obedezcas a tus padres. Quiero que los honres». Como puede ver, la obediencia está en
recibir órdenes y cumplirlas en el acto, ya sea que se tengan ganas o no. Cuando se honra, es algo completamente distinto. Se
trata de un nivel más elevado que lo lleva a usted hasta el nivel
de la honra.

Creo que nuestro Señor nos estaba diciendo que si primero

honramos, entonces lo que sigue automáticamente es la obediencia. Pongamos un ejemplo, el diácono en la iglesia dice al pastor: «Pues bien, pastor, odio diezmar, me hace sentir como si alguien me estuviera quitando, y que luego yo tuviera menos. Esto no es agradable para mí ni disfruto esta parte de mi vida en la iglesia. Es como una obligación que tengo por estar en el liderazgo. Bueno, quiero hacerle saber que no me gusta diezmar, pero lo haré por obediencia». Las preguntas que surgen son: «¿Puede un hombre con esa actitud agradar a Dios? ¿Merecemos alguna cosa de Él cuando nuestra vida no le está agradando?»

Un asunto de dinero

¿Cuál es el problema? Tal vez lo que ocurre es que el diácono de nuestro ejemplo ve sus diezmos como un asunto de dinero. Si esa fuera también nuestra apreciación, nos saldríamos del reino del Espíritu y nos trasladaríamos al ámbito puramente económico.

Cuando diezmamos por obediencia, la obediencia se puede convertir en el centro de nuestra entrega, como si fuera cosa qué mostrar para que otros vean el beneficio. Tal vez el pensamiento sería: *Ahora verán cuán espiritual soy. Pensarán que soy un buen cristiano.*

La Biblia dice: «Estando Jesús sentado delante del arca de la ofrenda, miraba cómo el pueblo echaba dinero en el arca; y muchos ricos echaban mucho» (Mateo 12.41). Parecería que esto se hacía para que el público lo viera, lo que puede ser peligroso cuando se convierte solamente en algo exterior. Allí es cuando sufre nuestra relación (la parte espiritual) con Dios. Puesto que la relación espiritual con Dios tiene mucho que ver con la forma que damos, nos metemos en un terreno delicado al permitir que tome sólo una senda visual.

¿Honra obligada?

La honra que damos no puede ser obligada, porque entonces no sería honra. Hoy día no estamos bajo la antigua ley que exigía diezmar por obediencia. Dios no quiere tal clase de honra a la fuerza. Por eso, cuando llevamos los diezmos es para honrar al Señor con ellos, no sólo para obedecer. Por consiguiente, como estamos bajo la gracia, debemos diezmar por amor. Querer agradar a Dios es la actitud que Él busca, y esto en realidad es honrarlo.

Ante el juez

Dios siempre está obrando en nuestro corazón porque allí es donde se establece la conexión espiritual con Él. Si un juez en el sistema de tribunales judiciales viera en usted una actitud incorrecta, aun cuando haya obedecido y hecho lo que se le ha pedido hacer, usted no recibiría lo que desea. Un joven, por ejemplo, acude con indisciplina ante un juez, deshonrando al magistrado y al sistema judicial en total rebeldía, pero solicitando ser liberado. Es innecesario decir que no se le concederá su deseo, porque si no puede honrar la ley mientras está bajo custodia, no la honrará en medio de la sociedad. *A esto se le llama desacato al tribunal.*

El Señor se complace con un corazón alegre, donde la actitud es de querer honrarlo. Si no es así, entonces se trata de desacato

y lo que usted da es como si no lo hubiera dado, pues no es aceptado. Muchos cristianos bienintencionados de hoy sólo dan con
motivos egoístas. Estos son los que han recibido reconocimiento terrenal por dar; y lo han recibido por ejemplo en forma de
crédito en la declaración de impuestos y similares.

Como es difícil comprender el concepto de rechazo, nos preguntamos: «¿Cómo puede Dios rechazar lo que le doy?» Es muy
difícil captar la idea en lo natural, pero es simplemente como el
joven que fue rechazado por el juez. Sabemos que Dios no puede bendecir cuando rechaza. No hay lugar en la Biblia, que yo
sepa, en que el Señor dé una bendición donde al mismo tiempo
está rechazando la ofrenda del dador.

Dios se arrepiente

El Señor sufrió gran desilusión con Elí, su sacerdote, quien falló con sus dos hijos al transmitirles su propio corazón y pretender que temieran a Dios. En consecuencia estos dos muchachos
se convirtieron en su vergüenza y destruyeron el ministerio al
que el Señor los había llamado. En este caso Dios se arrepintió
realmente de haberlos llamado a su servicio. La intención del
Creador era que Elí y su descendencia fueran sus sacerdotes para
siempre. Dios actuó drásticamente y los quitó del ministerio. El
Señor dice en su Palabra que nunca se retractará del llamamiento que hace a un individuo. Para poder retirar el llamamiento,
como sucedió en este caso, mata a los involucrados.

Dios dice: «¿Por qué desprecias, pisoteas y no valoras mis sacrificios y ofrendas? El sistema de valores de ustedes es totalmente distinto al mío». Esta idea muestra que Dios está muy pendiente de cómo le damos y cómo le honramos, pues para Él es de suma importancia. «Mis pensamientos no son vuestros pensamientos, ni vuestros caminos mis caminos, dijo Jehová. Como son más altos los cielos que la tierra, así son mis caminos más altos que vuestros caminos, y mis pensamientos más que vuestros pensamientos» (Isaías 55.8-9).

Algo nos pasa cuando empezamos a ver la ofrenda como Dios la ve. Él no la ve como algo económico. En el caso de Elí, a las ofrendas se les daba un uso incorrecto o inadecuado, se pisoteaban y no se las tomaba en serio. No las trataban como algo consagrado, que era lo que Dios esperaba; por tanto, se le deshonraba con este tipo de ofrendas.

La situación con los hijos de Elí fue la gota que hizo rebosar el vaso. Su conducta era sumamente blasfema, además de otras cosas que hacían. Dios les toleró su conducta, hasta que empezaron a deshonrarlo con lo que para Él es lo más sagrado: las ofrendas del pueblo. El Señor no podía aceptar eso; cuando Él no puede aceptar algo, como en este caso, significa que lo está rechazando. Allí es cuando se presenta la ira de un Dios enojado.

El Señor no cambia como el viento; siempre es el mismo. Los tiempos van y vienen, todo se mueve alrededor y se transforma, pero Dios no. Es verdad que aquí nos estamos refiriendo al Antiguo Testamento, pero no hay ninguna diferencia con lo que pasa hoy. Estamos hablando de un Dios actual. Él es eterno Dios, el Creador, el que fue, el que es y el que será por siempre.

El Dios al que sirvieron en el Antiguo Testamento es el mismo que servimos hoy día. En la actualidad vivimos por los principios que Él estableció, porque estos trascienden todas las generaciones. Sus principios son firmes y también eternos.

Cuando hablamos de los principios de Dios, hablamos de sus valores, de las cosas que le son sagradas. Si Él no cambia, tampoco cambian sus valores.

Capítulo 10

❦

LA MASA SANTA

«Si las primicias son santas, también lo es la masa restante; y si la raíz es santa, también lo son las ramas» (Romanos 11.16). El apóstol Pablo se está refiriendo en este versículo a los hijos de Israel. Puesto que los israelitas fueron elegidos para ser la nación que Dios escogió como su pueblo, ellos fueron las primicias del Señor. Las primicias siempre afectan al lugar del que vienen. En este caso es la masa, el bulto, el total. Esta es una metáfora que usa Pablo para referirse a los hijos de Israel. Sin embargo, es también una metáfora en la cual vemos el principio del diezmo: *Cuando llevamos a Dios lo que le pertenece, los diezmos son santos para nosotros, como también es santa la masa de donde provienen.*

Si el diezmo es santo para nosotros, significa que lo daremos a tiempo, no cuando nos parezca conveniente. Significa que será constante, algo que se hace siempre, no sólo cuando haya quedado dinero extra. Algo que es santo ante Dios es algo importante para nosotros. Por tanto, cuando el diezmo es santo para nosotros, entonces Dios santificará lo que nos queda; es decir, nuestro 90 por ciento restante. Creo que todos queremos tener nuestro 90 por ciento tocado y santificado por el Señor. Allí es cuando tenemos más que suficiente para todo lo que necesitamos, y además nos sobra.

Examinemos la última parte de este versículo: «Si la raíz es santa, también lo son las ramas». La raíz es la base del árbol y es donde comienza la vida. Aquí se puede hacer la revelación de una firme declaración que dice: «El diezmo es lo primero que se debe hacer». Es la raíz. Es de donde come el árbol. Es el comienzo.

El poder de las raíces se revela en las ramas. El fruto y la fortaleza de las ramas hablan de la profundidad de la raíz. Jesús dijo:

«Por sus frutos los conoceréis» (Mateo 7.20). El diezmo es la clave para una verdadera fortaleza en Dios y en todas las áreas de nuestra existencia.

Muchos de los cristianos de hoy tienen ramas que no aguantan ningún viento débil de la vida y les resulta difícil sobrevivir espiritualmente. ¿Cuál es el problema? Que las raíces no son profundas y fuertes en Dios debido a la deshonra.

Dedicado = santísimo

Dios considera santísima cualquier cosa que se le dedique: «No se venderá ni se rescatará ninguna cosa consagrada, que alguno hubiere dedicado a Jehová; de todo lo que tuviere, de hombres y animales, y de las tierras de su posesión, *todo lo consagrado será cosa santísima para Jehová*... Y el diezmo de la tierra, así de la simiente de la tierra como del fruto de los árboles, de Jehová es; es cosa dedicada a Jehová» (Levítico 27.28,30, énfasis añadido).

Una ofrenda o un diezmo santísimo no se puede redimir ni vender; se debe dar a Dios. El versículo 30 declara que el diezmo de todo está dedicado al Señor, y para Dios es santísimo todo lo que se le ha dedicado.

Cuando se lleva ante Dios un obsequio dedicado no se debe dar sencillamente con la mano. Esto no es algo para tomarlo a la ligera. No es un juguete ni algo con lo que jugar. Es algo muy espiritual ante el Señor. Por eso ocasiona una reacción espiritual. Algo material y monetario, como en este caso, provoca o crea una bendición tangible. Esta podría ser la razón de que dar el diezmo y las ofrendas adecuadamente abre las ventanas de los cielos debido a su naturaleza espiritual. Por eso Dios reprende al devorador que llega para atacar nuestra semilla, que son nuestros hijos y lo que sembramos. Son semillas de nuestra vida en todos los aspectos.

El lugar poderoso

El propósito del lugar santísimo, donde el sacerdote entraba una vez al año, era llevar los pecados de la nación ante el Señor para que los perdonara. Este lugar era tan santo y tan poderoso que se necesitaba entrar en él sólo una vez al año para perdonar por completo a toda la nación. Cuando el sacerdote entraba en el lugar santísimo se ponía todo el atavío prescrito. Había un velo o cortina como separación entre el lugar santo y el santísimo, el sacerdote llevaba cosidas unas campanillas a su atavío para que lo oyeran cuando se movía. Si no se le oía significaba que estaba muerto. La cuerda atada a su tobillo era para sacarlo del lugar santísimo.

Si el sacerdote entraba al lugar santísimo con pecado en su vida, moría sin demora. ¿Se puede usted imaginar cuán santo era ese lugar para Dios? Pues bien, ¿era el lugar en sí lo que lo hacía santo? No, era Dios en el lugar quien santificaba el sitio. Ese lugar era sólo el medio, que mediante la presencia del Señor se volvía santísimo. El asunto es que nadie podía entrar para sacar al sacerdote porque también moría si tenía pecado. ¿Por qué? Porque el lugar era santísimo. Así es como el Señor ve el diezmo: dedicado y santísimo. ¿Se da cuenta de cuán serio es esto?

¿Alguien llamado Caín?

Es posible que haya algunos hombres llamados Caín, pero no han de ser muchos. ¿Por qué? ¿Qué hay de malo con el nombre? No se trata de lo que significa sino de lo que representa: Caín, un hombre rechazado por Dios. Nadie quiere ser llamado como él. ¿Qué hay con Ananías y Safira? Creo que existen Ananías porque hubo un profeta con tal nombre, pero tampoco han de ser muchos. El nombre Safira tiene un gran significado. Significa maravilla. No obstante, nadie quiere llamar a su hija *Safirita*. También tenemos el nombre Judas, de un discípulo de Jesús, que significa «de la línea de Judá». Un nombre de gran significado, pero nadie lo quiere debido a lo que Judas hizo.

¿Qué hay de malo con los nombres Balaam, Ofni, Finees, Acán, Nadab o Abiú? Lo malo no es tanto lo que significan sino lo que esas personas hicieron o no hicieron. Todas ellas tienen algo en común: *Deshonraron a Dios con ofrendas o diezmos, los cuales el Señor considera santísimos.*

El anhelo de Dios

Mientras yo captaba una perspectiva general de las intenciones de Dios en lo que me había mostrado en esta revelación (quizás usted la llame nuevo entendimiento), Él me llevó al último versículo del Antiguo Testamento. En él se resume el motivo de la institución de los diezmos y las ofrendas: El anhelo de Dios de acercar al hombre a sí mismo. El interés del Señor es tener una relación con el hombre. Esto es lo que más desea. Por esto creó al hombre. Dios quiso esa cercanía con su creación.

Desde el principio del libro de Génesis vemos a Dios presentando la herramienta que el hombre había de utilizar para mantenerse cerca de su Creador. Tal herramienta eran los diezmos y las ofrendas usadas para honrar al Señor. Vemos esto como una verdad constante, como un hilo irrompible en toda la Biblia. Esta verdad de honrar a Dios con los diezmos y las ofrendas, que se encuentra en toda la Palabra de Dios, no se hacía simplemente para no afectar las tradiciones religiosas del hombre sino para dar honra al Señor mismo.

Ahora quiero llevarlo a usted hacia atrás, comenzando en Malaquías 4.6. Dios envía su mensajero; y esto sucederá a quienes lo honren: «Él hará volver el corazón de los padres hacia los hijos, y el corazón de los hijos hacia los padres, no sea que yo venga y hiera la tierra con maldición» (Malaquías 4.6). Este versículo es el resultado de un cielo abierto. El verdadero corazón de Dios abre los cielos y bendice el hogar con unidad real, y crea una familia firme. Por consiguiente crea un mundo firme.

La maldición produce una odiosa división en el hogar donde el padre, siendo cabeza de la familia, se convierte en el destructor. En ese hogar los hijos se pierden en el mundo de la depravación y el pecado, y se pierde el verdadero sentido de amor que fue diseñado para mantener unida esa familia. Dios no quiere ver a sus hijos malditos, enfermos, débiles y alejados de su presencia. Sólo quiere bendecirlos. De esto se trata el diezmo, no sólo para las bendiciones materiales sino también, y quizás lo más importante, para la fortaleza espiritual de su pueblo.

Como lo hemos dicho repetidamente en todo este libro, el problema con la iglesia moderna no es económico sino espiritual. La prosperidad fluye cuando el pueblo de Dios camina espiritualmente con el Señor y su relación con Él es fuerte. Estamos hablando de la condición general de la iglesia, acerca de cómo se rompen hoy día los principios fundamentales que Dios ha dispuesto.

Todo el propósito del diezmo es fortalecer nuestra relación espiritual con Dios. En Malaquías vemos esa estropeada condición espiritual del pueblo de Dios. El liderazgo israelita se aburrió de honrar a Dios y perdió su temor del Señor; por consiguiente guió al pueblo en la misma dirección. Qué triste panorama es este en que, debido a esta condición, la maldición se desata sobre los propios hijos de Dios, provocada por sus propias manos.

Saltos de gozo

No habrá tal maldición en quienes honran, reverencian y respetan a Dios con temor. El Sol (Hijo) de justicia se levantará sobre el hogar llevando luz y vida, como nuestro propio sol que alimenta todo lo que toca. Esto por tanto produce gozo, y el gozo trae sanidad en sus alas; sanidad para el corazón de la familia que quizás una vez sufrió por la falta de amor. Que tal vez no sentía el amor de Dios por no honrarlo.

Ahora vemos un nuevo hogar donde Dios es el centro, con hijos (becerros) saltando de gozo por su recién encontrada libertad y paz. Cuando Dios hace rejuvenecer inyecta nueva vitalidad, con la cual llega el entendimiento y el crecimiento en Él. Pues se trata de un pueblo que lo honra en espíritu y en verdad.

«Mas a vosotros los que teméis mi nombre, nacerá el Sol de justicia, y en sus alas traerá salvación; y saldréis, y saltaréis como becerros de la manada» (Malaquías 4.2). Dios está presente en los pensamientos de quienes tienen ese temor del Señor, y por lo tanto allí la conversación es sobre el eterno Dios. De esto es de lo que desean hablar unos con otros, en vez de tener conversaciones vacías sin valor espiritual. Dios está cerca de quienes invocan su nombre en conversación diaria. Allí es donde a Él le gusta estar. Mateo 18.20 dice: «Donde están dos o tres congregados en mi nombre, allí estoy yo en medio de ellos».

El curso sobre el temor de Dios

El Señor dicta un curso celestial donde Él mismo es el profesor. Quienes entran, encuentran la clave del misterio, perseveran y acaban el curso. Aprenden a temer a Dios.

Hay un libro de recuerdos que Dios siempre tiene ante sí. Estas anotaciones las escribieron en su presencia los escribas celestiales como un memorial para quienes temen a Dios y piensan en su nombre. Dios siempre está consciente de ellos y vigila todos sus movimientos.

«Entonces los que temían a Jehová hablaron cada uno a su compañero; y Jehová escuchó y oyó, y fue escrito libro de memoria delante de Él para los que temen a Jehová, y para los que piensan en su nombre. Y serán para mí especial tesoro, ha dicho Jehová de los ejércitos, en el día en que yo actúe; y los perdonaré, como el hombre que perdona a su hijo que le sirve» (Malaquías 3.16-17).

Ellos son míos

El Señor proclama aquí la propiedad sobre su casa como un

Padre que es la cabeza de su hogar. Con gran satisfacción expresa en todas las épocas, de generación en generación: «Estos son míos. Me pertenecen. Han sido señalados y escogidos de entre quienes temieron a Dios como su posesión atesorada. Los tesoros están muy bien protegidos, y se mantienen en lugares seguros, porque son de gran valor para quienes los poseen».

La Biblia dice que los cristianos que honran a Dios le pertenecen a Él, pues Él los compró con precio: su sangre (véase 1 Corintios 6.20). Tenemos un Padre, tenemos un hogar y una familia, y pertenecemos al Señor que nos ama. «Como el padre se compadece de los hijos, se compadece Jehová de los que le temen» (Salmo 103.13).

Nuestra reverencia a Dios es lo que nos mantiene dentro de la familia de los elegidos, a quienes Dios llama los suyos. El respeto y la reverencia por su presencia es lo que coloca la valla de protección alrededor de esa familia. «El ángel de Jehová acampa alrededor de los que le temen, y los defiende» (Salmo 34.7).

El Creador está diciendo aquí: «Estaré con ellos en tiempos de dificultades y cuando estén rodeados por los enemigos. Estaré con ellos en momentos de confusión y contradicción. Estaré con ellos por medio de la guía que les daré. Evitaré que caigan en el foso de la angustia». El Señor nos ofrece estos regalos como Padre de nuestras vidas, porque bendecirá a quienes le mostremos ese temor de Dios.

Dios es nuestro Padre. Personalmente me pide que lo llame papito, y no cualquiera puede llamarlo papito, para eso debo ser un hijo que le teme con reverencia. No todos los hombres son hijos para Dios. Es cierto que todos somos su creación, pero sólo puede ser llamado hijo de Dios quien haya recibido el Espíritu del Señor, Espíritu que se obtiene por medio de la sangre de Jesús. «Por cuanto sois hijos, Dios envió a vuestros corazones el Espíritu de su Hijo, el cual clama: ¡Abba, Padre!» (Gálatas 4.6).

El hijo sirve a su Padre, quien le da el derecho de dirigirse a Él como su papito, Abba Padre. Dios se deleita al escuchar que su hijo lo llama con confianza. ¡Qué gran relación y espíritu familiar hay en ese hogar! Papito es un término que revela una relación íntima entre ese padre y su hijo.

Los padres se pueden distanciar de sus hijos cuando no hay calor y existe poco conocimiento de las actividades de sus hijos. Gracias a Dios que Él no está lejos. No, Él está más cerca que un hermano. Usted no tiene que levantar la voz para que Él lo oiga, ni ponerse en penitencia para ser escuchado. Si usted quiere Él será el papito, y estará siempre cerca cuando esté a punto de caerse de su primer paseo en bicicleta, para no dejarlo caer.

El velo

La Biblia dice que poder distinguir entre el bien y el mal es un privilegio dado por Dios, y se discierne espiritualmente (véase 1 Corintios 2.14). Es obvio que hay una época en que el mal aparentemente no causa obstrucción, me refiero a cuando estamos lejos de Dios y se nos hace difícil distinguir entre lo bueno y lo malo. Pero cuando nos volvemos a Dios esto cambia. «Entonces os volveréis, y discerniréis la diferencia entre el justo y el malo, entre el que sirve a Dios y el que no le sirve» (Malaquías 3.18).

El panorama se pone peor cuando después de acercarnos a Dios, le damos la espalda, nos alejamos, no le damos honra. Quizás entonces nos preguntemos: ¿Qué pasó con el discernimiento espiritual que una vez adornara nuestras vidas? Se lo habrá lleva-do la *maldición* que provocáramos con nuestra propia mano cuando decidimos no temer al Señor. Proverbios 1.29 asegura: «Aborrecieron la sabiduría, y no escogieron el temor de Jehová».

El gran robo

Malaquías 3.8a declara: «¿Robará el hombre a Dios?» La Bi-blia es muy clara en que la causa de la maldición está en robar lo que le pertenece a Dios: *Los diezmos.*

El plan diseñado por Dios es que el diezmo sea el elemento que presenta al Señor en nuestras vidas para crecer y tener una relación personal. El diezmo no es cuestión de dinero. ¡No! Es una de las actividades más espirituales que hacemos de modo re-gular.

Nuestras vidas pertenecen a Dios; y Él es nuestro Autor, nuestro Creador, nuestro Hacedor. Somos de su propiedad. Por consiguiente, debemos comenzar por devolverle lo que se usa para preservar su propiedad, un pequeño porcentaje de lo que es de Él, al menos el diez por ciento.

Obviamente no debemos llevar el diezmo a regañadientes o por la fuerza, porque es algo espiritual para Dios y para noso-tros. Él no quiere que sus hijos hagan nada obligados. Dios ve al diezmo como un modo de acercarse a nosotros cuando lo hon-ramos con él. Si no lo hacemos Él no podrá recibirlo ni tampoco podrá bendecirnos, y ahí sí que tenemos un grave problema. Si no le honramos con los diezmos, Dios no podrá hacernos pros-perar aquí en la tierra, aunque seamos sus hijos. A esto se le lla-ma una maldición. ¿Nos odiará Dios de repente si no lo hacemos? No. Creo que cuando muramos de todos modos iremos al cielo, porque la sangre de Jesús nos garantiza ese lugar con Él después de la muerte. Aun así, Dios nos ama.

Sin embargo, Dios diseñó desde hace mucho tiempo un sistema para que el hombre incluyera a Dios en su vida cotidiana. Así el hombre podría decir: «Te honro con una parte de lo que aprecio mucho aquí en la tierra». Entonces el velo será quitado de los ojos espirituales y la maldición ya no obstruirá más. El sistema diseñado por Dios podrá obrar con libertad, y en consecuencia las bendiciones que Él anhelaba darnos podrán fluir continuamente.

¿Robará el hombre a Dios? ¿Lo robará ese ser pecador y débil, un ser humano que necesita la limpieza de un Dios santo? ¿Robará ese hombre que sin Dios no es más que polvo sin valor en sí mismo? ¿Robará a Dios un hombre que necesita al Creador para su sustento? ¿Robará a Dios un simple mortal en su estado indefenso ante el Señor todopoderoso?

«Pues vosotros me habéis robado. Y dijisteis: ¿En qué te hemos robado? En vuestros diezmos y ofrendas» (Malaquías 3.8b). Sabemos, por supuesto, que Dios lo ve todo y que si intentamos engañarlo, los engañados somos nosotros mismos. Es evidente que los israelitas de esa época no llevaban al altar lo que se esperaba de ellos: el diezmo que les correspondía dar. Llevaban sólo una parte o no llevaban nada.

¿Cuántas veces hemos hecho hoy día lo mismo, quizás en maneras diferentes? Sería como si dijéramos: «Pues bien, Dios, tuve que asistir a una reunión muy importante en la iglesia y debí comprarme este nuevo traje para lucir bien en beneficio tuyo. Después de todo somos tu pueblo en prosperidad». Tal vez alguien intente comprometer al Señor en algo como esto: «Bueno Dios, te estoy dando la mitad del diezmo esta semana porque me toca limpiar la iglesia». También hay quien dice: «Señor, me sobró mucha pintura de un trabajo que hice. La donaré a la iglesia y yo mismo pintaré el edificio, ese será mi diezmo este mes». Otro podría pensar: «Como usted sabe pastor, yo soy un fiel tesorero y contador de la iglesia, y dono mi tiempo. Creo que esta vez merezco quedarme con el diezmo para mi uso personal».

Hacemos lo anterior como si Dios necesitara de nuestros servicios, aunque está bien prestarlos. Sin embargo, nunca nada debe tomar el lugar del diezmo pues para Dios es santo y es la manera de honrarlo espiritualmente. El Señor comienza Malaquías 3.8 preguntando: «¿Robará el hombre a Dios?» Dios está buscando una reacción al apelar a nuestro sentido de juicio; además con corazón introspectivo busca si todavía nos queda alguna convicción latente para honrarlo. Él nos está pidiendo nuestra opinión; cuál es nuestra perspectiva acerca de esto. ¿Está bien o mal?

Cuando hay una maldición en nosotros se nublan nuestros ojos espirituales, se afecta nuestro discernimiento, y se vuelve difícil evaluar entre lo bueno y lo malo, entre lo que es pecado y lo que no lo es. El libro de Malaquías muestra que el pueblo de Dios estaba ciego y desequilibrado en muchas áreas de su vida. Estaba pecando, y aparentemente no se percataba. Para los israelitas, como para el mundo moderno, todo parecía relativo. No había reglas difíciles que seguir. Quizás adoptaron la ideología de: «Si se siente bien, hágalo. La verdad es lo que usted cree que es». Ellos en realidad habían perdido el camino. La Palabra de Dios ya no era importante y estaban completamente desenfocados. ¿No nos parece esto muy conocido? ¿No vemos el mismo panorama hoy día?

/s No reconocer la presencia de Dios

No reconocemos la presencia del Señor si le robamos lo que es suyo y que considera santísimo. Cuando el hombre se eleva a sí mismo al nivel de Dios, no puede demostrarle reverencia y respeto.

El diezmo está diseñado para mantener la estabilidad del hombre, cuando este reconoce la presencia del Creador, como sucedió en el huerto del Edén con el árbol del conocimiento. Este árbol representaba la presencia de Dios. Fue plantado en medio del huerto, no en un rincón. Esto significaba que Dios estaría involucrado con la vida cotidiana del hombre.

Del mismo modo el diezmo que se da de corazón y que honra a Dios también abre la puerta e invita al Señor a ser parte intrínseca de nuestra vida. Él permanece cerca de nosotros y nos mantiene equilibrados para poder discernir entre lo bueno y lo malo.

La Biblia dice: «Esto, pues, digo y requiero en el Señor: que ya no andéis como los otros gentiles, que andan en la vanidad de su mente, teniendo el entendimiento entenebrecido, ajenos de la vida de Dios por la ignorancia que en ellos hay, por la dureza de su corazón; los cuales, después que perdieron toda sensibilidad, se entregaron a la lascivia para cometer con avidez toda clase de impureza» (Efesios 4.17-19).

La división del diezmo

El diezmo no es nuestro; por tanto no podemos decidir para qué se ha de usar. A veces lo tratamos como si fuera de nosotros, y nuestro comportamiento podría ser algo así: «Muy bien pastor, seré fiel y haré lo que usted quiere que yo haga. Traeré mis diezmos si usted promete construir esa unidad educativa que tanto necesitamos. Si no lo hace, no diezmaré. O al menos le pido que divida el diezmo entre los distintos ministerios».

Se me han acercado muchos santos amorosos después de ministrar, y me han dicho: «Pastor, me sentí libre para tomar el diezmo y enviar una parte de él a la radio cristiana, otra a cierta misión, y otra a un buen amigo cristiano que está en necesidad. Esto es lo que me quedó y por lo tanto lo traigo a la iglesia». Puesto que sabemos que el diezmo no es nuestro sino de Dios, deberíamos comprender que no podemos administrar lo que le pertenece a Él.

Dios quiere que también demos a ministerios de otra naturaleza o que ayudemos a los necesitados, pero no con el diezmo de Dios que le pertenece. Lo que le pertenece al Señor es intocable.

«Malditos sois con maldición, porque vosotros, la nación toda, me habéis robado» (Malaquías 3.9). Aquí Dios está declarando de nuevo a quién le pertenece el diezmo, y que Él es el verdadero dueño: «Has tomado lo que es mío, algo que es santísimo para mí. No se trata de un objeto sino de algo mucho más importante para mí y que me da la honra que merezco». En la discusión acerca de pagar impuestos Jesús clarificó: «Dad, pues, a César lo que es de César, y a Dios lo que es de Dios» (Mateo 22.21). La frase «dad a Dios lo que es de Dios» está declarando que tenemos algo que le pertenece al Señor: el diezmo.

La maldición y usted

La vida aquí en la tierra ya es suficientemente dura como para que una maldición la haga más difícil. Ocurre que gran mayoría de las dificultades están relacionadas con asuntos de dinero. Si vemos con cuidado los países del tercer mundo, encontramos en ellos pobreza y carencia de las necesidades básicas de la vida. La mayoría de esas naciones son impías, están sumidas en el pecado, honran al hombre e incluso adoran animales.

No existe prosperidad donde Dios no recibe honra. Fidel Castro hizo esta declaración en Cuba: «Aquí no hay más Dios que el comunismo». Después de eso se estancó el progreso en la isla. Las cosas permanecen con estaban. Los autos y los refrigeradores de antaño se siguen usando hasta hoy. No hay hornos microondas ni lavadoras eléctricas de platos, cosas que damos por sentado y que vemos como progreso.

Cuando una nación le da su lugar a Dios, y le honra con temor, reverencia y respeto, entonces el Señor puede bendecirla. Cuando los discípulos de Jesús iban a entrar al ministerio, Él les dijo que no se preocuparan por las necesidades básicas de la vida. Si Dios se encarga de las aves de los cielos, ¿cuánto más se hará cargo de usted? «No os afanéis, pues, diciendo: ¿Qué comeremos, o qué beberemos, o qué vestiremos? Porque los gentiles buscan todas estas cosas; pero vuestro Padre celestial sabe que tenéis necesidad de todas estas cosas. *Mas buscad primeramente el reino de Dios y su justicia, y todas estas cosas os serán añadidas.* Así que, no os afanéis por el día de mañana, porque el día de mañana traerá su afán. Basta a cada día su propio mal» (Mateo 6.31-34, énfasis añadido).

«El reino de Dios» es donde se provee todo. «Los gentiles buscan todas estas cosas»; los gentiles, o incrédulos, son los que no tienen a alguien de quién depender. Por lo tanto se afanan porque no viven por fe; es decir, no tienen fe en un Dios que vela por ellos.

El Reino de Dios

Vemos una verdad muy importante cuando la Biblia dice: «Buscad primeramente el reino de Dios». Lo primero que debemos hacer para entrar al Reino de Dios es buscar al *Rey en su Reino* y descubrir su presencia. Este es el primer paso para todas las bendiciones importantes que necesitamos en nuestro diario vivir. El lugar del Espíritu es donde miramos, y lo logramos en espíritu y en verdad.

Cuando Jesús dice que busquemos la justicia del Reino, se refiere al *lugar de honra*. Este es el sitio donde todos debemos entrar para honrar a Dios. En su presencia y ante su gloria es donde se dan todas las cosas a quienes lo honran en espíritu y en verdad.

Entonces después de dar estos dos primeros pasos es cuando se suplen todas nuestras necesidades. Buscamos el Espíritu de Dios, le damos honra, y después Él nos da. Todo se nos dará, o se nos añadirá, por haber honrado al Creador.

«Traed todos los diezmos al alfolí y haya alimento en mi casa; y probadme ahora en esto, dice Jehová de los ejércitos, si no os abriré las ventanas de los cielos, y derramaré sobre vosotros bendición hasta que sobreabunde» (Malaquías 3.10).

«Traed todos los diezmos» en este versículo nos está diciendo que los israelitas quizás no estaban entregando su ofrenda completa. Ya dijimos que diezmar y ofrendar es algo espiritual, y por lo tanto se debe hacer en su totalidad. Dios no puede recibir nada que no sea de todo corazón, pues de todo corazón es la única manera en que recibe. Si no damos todos los diezmos sería como dar a Dios la mitad de la honra. ¿Cómo podemos esperar que Dios se agrade cuando solamente le damos una parte? Él es santo y debemos honrarlo como tal.

Cuando el Señor dice: «Probadme», quiere decir: «Deseo que hagas la prueba. Examina mi mensaje y ve si es cierto. Así es como lo hice en el pasado». Este es un método de prueba que siempre funciona. Dios está lanzando un desafío, pero al mismo tiempo suplica a sus hijos: «Por favor, prueben esta verdad. Simplemente pongan en práctica este concepto de bendición y verán que funciona para ustedes como funcionó para sus padres. No lo posterguen. Hoy es el tiempo de probarme en esto y el tiempo en que responderé».

Dios bendice la respuesta a tiempo, pues el elemento tiempo hace valiosa nuestra ofrenda ante Dios. ¡Qué gran demostración de fe es este regalo ante los ojos del Señor! Esto hace recordar el reto que Dios lanzó a la viuda por medio de Elías: «No tengas temor; ve, haz como has dicho; pero hazme a mí primero de ello una pequeña torta cocida debajo de la ceniza, y tráemela; y después harás para ti y para tu hijo» (1 Reyes 17.13).

Alimento y diezmo

«Haya alimento en mi casa» es una declaración literal, pero al mismo tiempo es un apuntalamiento espiritual. Los hijos de

Israel guardarían la ley en obediencia, y en consecuencia serían bendecidos por Dios. Quienes habían decidido no alinearse ni diezmar, estaban bajo la maldición de Dios. Esta maldición era espiritual, no algo hecho por el hombre.

Aun en aquellos días esta era una acción muy espiritual que provocaba la bendición de Dios. Se llevaban los diezmos y había un tiempo de festival o celebración, en el cual quien llevaba el diezmo comía en compañía de los sacerdotes y levitas. Este era su tiempo de comunión con Dios, como el que hoy día tenemos en la Cena del Señor.

Cuando hoy día llevamos los diezmos también recogemos alimento, pero este es espiritual: la Palabra. Al hacerlo, llevamos el diezmo de nuestros bienes y honramos a Dios con él. Por consiguiente nos estamos asegurando que la maldición se elimine. ¡Ahora podemos comer bien! La Palabra de Dios está totalmente diseñada para abrir nuestros oídos espirituales. Por eso podemos comprender que lo que Dios nos está diciendo ahora es relevante para nuestra vida moderna. Es entonces cuando hay crecimiento y madurez en nuestra relación con Dios. ¿Por qué? Porque estamos comiendo bien; el cuerpo espiritual está recibiendo la nutrición que necesita. No hay obstrucción para las vitaminas necesarias que se derivan de la rica y poderosa Palabra de Dios. Nuestro crecimiento espiritual está encendido cuando honramos a Dios con el diezmo.

«Si no os abriré las ventanas de los cielos». El plan de Dios para sus hijos es darles en abundancia en todas las áreas necesarias de la vida. ¡Cuán maravilloso es vivir bajo un cielo abierto! Allí es donde experimentamos realmente las bendiciones que puede ofrecer un cielo abierto, las cuales son un flujo continuo.

Cuando se abren las ventanas de los cielos es cuando suceden las cosas. Dios sana el cuerpo y la mente; da sabiduría, restaura matrimonios, está en medio de nuestras decisiones, etc. ¿Qué es lo que abre esas ventanas, nuestro dinero o los animales que se llevaban como sacrificio? Nada de eso tiene la capacidad de abrir las ventanas de los cielos, porque sólo son objetos que se utilizan. Dios no recibe eso.

Como lo hemos dicho muchas veces, Dios sólo puede recibir lo que proviene del corazón: la honra que le damos. Me pregunto: ¿Cómo podría el sucio dinero, que incluso pudo haber tenido el traficante de drogas un par de días atrás, abrir esas ventanas espirituales? El dinero, en el caso del dólar, no sólo es muchas veces sucio sino verde y arrugado. No es este el que abre las ventanas. Lo que motiva a Dios es la honra que le damos con nuestro corazón.

Dios recuerda en Malaquías 3.4 cómo los diezmos y las ofrendas obraban muy bien en el pasado. Como usted puede ver, ocurrió con nuestros antepasados y en aquellos días había una gran relación con Dios. «Será grata a Jehová la ofrenda de Judá y de Jerusalén, como en los días pasados, y como en los años antiguos» (Malaquías 3.4).

¿Qué hizo tan buena esa relación con los hombres? ¿Por qué sus ofrendas fueron tan bien aceptadas? Regresemos al versículo 3 para encontrar la respuesta: «[El mensajero del Señor] se sentará para afinar y limpiar la plata; porque limpiará a los hijos de Leví, los afinará como a oro y como a plata, y traerán a Jehová ofrenda en justicia». Lo primero que Dios hace es purificar el corazón por fuego. Esta es una limpieza verdadera y total que solamente un elemento ardiente puede lograr. Dios corrige en este proceso de purificación las actitudes del corazón, porque lo que este está a punto de hacer es una acción santa ante un Dios santo.

Dios valora que le demos con buena disposición de corazón para honrarlo. Entonces la Palabra de Dios diría aquí: «Dios tiene hombres, estos son mis hombres». Ellos son los que están en el círculo íntimo del Señor, cerca de Él. ¿Qué están haciendo? *Llevan ofrenda en justicia*. Otro modo de expresar esta declaración, y con mucha más claridad es: *Llevan ofrenda en honra*.

Ahora los corazones de los hombres han sido limpiados en ese fuego y saben qué es lo que están haciendo. Sus corazones son correctos. Están listos para honrar a Dios con sus ofrendas. Esta clase de entrega es lo que hace aceptables las ofrendas, porque están honrando de corazón. De esta manera Dios puede recibir abiertamente lo que le damos, y sabemos que Él bendice cuando lo hace. Puesto que esta ofrenda se da en espíritu y en verdad, es una acción espiritual.

Una época olvidada

Después de pasar muchas generaciones de hijos de Israel, estos olvidaron cómo se honraba a Dios ante el altar, «como en los días pasados, y como en los años antiguos». Parafraseemos lo que Dios dice en el versículo 4: «Hubo una ocasión en que ustedes me honraban ante el altar, cuando yo aceptaba todo lo que me daban».

Hoy día vivimos el mismo problema que tuvieron los israelitas en su época. Hemos olvidado cómo se honra a Dios con nuestros bienes. Ejercitamos nuestro dar cristiano bajo la regla de la tradición y de los métodos religiosos que se hacen por obligación, en vez de hacerlo para honrar al Señor. Le estamos dando dinero a Dios, pero no le damos honra.

Gran parte de la iglesia moderna camina en esta forma tradicional de dar, orientada en ayudar. Así es nuestra manera de pensar: «Le echaré una mano a la iglesia porque me necesita, o porque el pobre pastor necesita ayuda, o incluso porque Dios me necesita. Ayudaré al Señor a salir adelante». Qué actitud tan carnal tenemos a veces en esta área porque el asunto para nosotros es económico.

Dios no necesita nuestra ayuda. Él está buscando quiénes lo honren en espíritu y en verdad. La obra del Señor es de Él, y la sustenta con nosotros o sin nosotros. Por supuesto, Él prefiere utilizarnos como sus instrumentos. Cuando lo honramos es que Él se glorifica en su obra aquí en la tierra.

Espero que recapaciten

El Señor nos está pidiendo: «Desde los días de vuestros padres os habéis apartado de mis leyes, y no las guardasteis. *Volveos a mí*, y yo me volveré a vosotros, ha dicho Jehová de los ejércitos» (Malaquías 3.7). Dios quiere intervenir en nuestro dilema. Está deseando tomar parte en nuestra situación y ayudarnos, como dice al principio del v. 5: «Vendré a vosotros». ¿Estaba lejos Dios en esa época? Sí lo estaba porque su pueblo se había alejado de su presencia al no temerlo. Él se retiró y allí fue cuando todo comenzó a desenfocarse.

De modo que Dios está diciendo aquí a los israelitas: «Si regresan a mí, yo me volveré a ustedes». No solamente está pidiendo que se vuelvan a Él; también les está haciendo saber que si dan el primer paso y le honran, reverencian y respetan, como hicieron sus antepasados, Él se volverá a ellos.

Arrepentirse de robar

«Mas dijisteis: ¿En qué hemos de volvernos? ¿Robará el hombre a Dios?» (vv. 7,8). Aquí el Señor empieza con una pregunta para responder a otra. Él debe saber dónde estamos en el asunto del dar. De nuevo necesita una reacción. Dios quiere decir: «Arrepiéntete y deja de robar, porque estás tomando lo que me pertenece. Puesto que estás violando mis principios, debo alejarme de ti. No puedo estar cerca de ti cuando haces lo que estás haciendo. En mi Palabra te digo: "No contristéis al Espíritu Santo de Dios, con el cual fuisteis sellados para el día de la redención" (Efesios 4.30). Me estás alejando, me estás contristando. Tu deshonra es algo que no puedo aceptar, ni puedo estar cerca de ti si actúas así conmigo. Mi más grande anhelo es estar siempre a tu lado. Sueño con estar cerca de ti, hijo mío. Quiero estar allí cuando tomes esa decisión vital que afectará el futuro de tu vida. Aunque estoy contigo, y siempre viviré en tu corazón, la maldición me impide intervenir en tus asuntos. Sin embargo, soy un Dios santo, y mi presencia debe ser honrada. Por tanto, vuelve a mí, y yo me volveré a ti».

«Vendré a vosotros para juicio; y seré pronto testigo contra los hechiceros y adúlteros, contra los que juran mentira, y los que defraudan en su salario al jornalero, a la viuda y al huérfano, y los que hacen injusticia al extranjero, no teniendo temor de mí, dice Jehová de los ejércitos» (Malaquías 3.5). La parte final de este versículo concluye: «No teniendo temor de mí». Allí yace el problema: No hay reverencia alguna ante la presencia del Señor. Como ya hemos dicho antes, este es el lugar donde Dios nos quiere tener; desea llevarnos a ese nivel elevado de temor a Él. Por tanto, quienes no temen a Dios no odiarán el mal, y el Señor vendrá rápidamente para enjuiciarlos.

«Porque yo Jehová no cambio; por esto, hijos de Jacob, no habéis sido consumidos» (v. 6). Dios está diciendo aquí: «Soy el mismo Dios de tus padres. Haré contigo lo mismo que hice con ellos. Estos son mis principios y no los cambio como lo hago con las estaciones. Soy el mismo ayer, hoy y por los siglos. No baso mis principios en cómo me siento. Si así fuera, habría acabado hace mucho tiempo con el mundo. Este sistema que establecí hace muchos años aun funciona hoy día, y funcionará mientras el hombre esté en este planeta».

El Señor continúa: «El diezmo que establecí tiene que ver con la ley que le di a Moisés, porque estos son mis principios, los cuales puse en acción. No es un asunto del Antiguo Testamento o del Nuevo. Yo no cambio. Así fue desde el huerto del Edén con mi árbol del conocimiento en medio del huerto. Esta fue la representación de mi presencia en medio de los asuntos humanos, y no para ser tocado sino para ser honrado. Desde el principio, con Caín y Abel, yo quería honra, y los probé para ver dónde me tenían en su lista de prioridades. Yo estaba allí cuando Abraham estaba en guerra contra los reyes y lo bendije con el botín. Él decidió honrarme con un diezmo. Mi nombre es Melquisedec (la representación de Cristo)».

Abraham diezmó a Melquisedec porque sabía quién era: el sacerdote eterno sin principio ni fin. El diezmo que le llevó no fue para ayudar a un rey en necesidad sino para honrar al Único que merece honra. Dios es un rey y no necesitaba nada de este mundo material. Sin embargo, estampó este principio en el corazón de Abraham. Esta verdad permanece con la puerta abierta de generación en generación para bendecir a las personas mientras están en la tierra. El día que usted decida honrar al Señor con los diezmos, el corazón de Dios se llenará de gozo.

El Señor no cambia, Él es el mismo. Está listo a protegernos para que no seamos destruidos. Cuando volvemos al lugar donde lo honramos con lo básico (los diezmos), Él envía esas bendiciones hasta que sobreabunde. Veamos lo que Jesús nos dijo: «Si vosotros, siendo malos, sabéis dar buenas dádivas a vuestros hijos, ¿cuánto más vuestro Padre que está en los cielos dará buenas cosas a los que le pidan?» (Mateo 7.11).

«Reprenderé también por vosotros al devorador, y no os destruirá el fruto de la tierra, ni vuestra vid en el campo será estéril, dice Jehová de los ejércitos» (Malaquías 3.11). El Señor nos dice aquí: «Protegeré el fruto que te ha llegado como resultado de lo que plantaste. Quiero prosperarte y aumentaré la tierra que creé. La otra tierra que creé fue tu cuerpo, por tanto puedo hacerla reproducir, y le daré sabia protección al fruto que des. Tu hogar y tu familia serán protegidos y vigilados desde mi posición celestial ventajosa. Me aseguraré que todo esto se cumpla dentro del tiempo asignado para crecer y permitir que el fruto madure. Reprenderé al devorador que llega a quitarte lo que has ganado, y huirá de ti.

«Y todas las naciones os dirán bienaventurados; porque seréis tierra deseable, dice Jehová de los ejércitos» (Malaquías 3.12). He aquí lo que Dios quiere decir: «La tierra donde siembres será bendecida con una capa celestial sumamente productiva, de modo que quienes están a tu alrededor te llamarán bendecido por Dios. Lo que plantes, que incluye tus crías y tu matrimonio, será productivo».

El Señor da una amonestación: «Ahora, pues, oh sacerdotes, para vosotros es este mandamiento» (Malaquías 2.1). Aunque el mensaje está dirigido a los sacerdotes, es para darnos el ejemplo de cómo Dios quiere que demos. Por supuesto, sabemos que somos sacerdotes ante Dios, que venimos de una línea real. Por tanto esto también está dirigido a nosotros. He aquí la amonestación: «Si no oyereis, y si no *decidís de corazón dar gloria a mi nombre*» (v. 2a, énfasis añadido). En esta frase vemos el pensamiento completo que el Señor me dio para este libro. Dios dice que decidamos darle *de corazón*, o rechazará lo que ofrezcamos de otro modo. Si ofrecemos dinero, lo rechazará. Si ofrecemos palabras, no las recibirá. Podríamos ofrecerle canciones, pero Él no las quiere si no son de corazón. La *maldición* entra como consecuencia de *no decidir de corazón*.

En el corazón es donde honramos al Creador, y Él dijo que no permitamos que nada tome su puesto en nuestro corazón: «Dame, hijo mío, tu corazón, y miren tus ojos por mis caminos» (Proverbios 23.26).

El nombre del Señor se debe mantener santo ante la gente. Cuando Él nos dice que decidamos de corazón darle gloria a su nombre, quiere decir que honremos su santo nombre. Cuando Moisés no dio honra al nombre de Dios, Él le dijo: «Por tanto, no meteréis esta congregación en la tierra que les he dado» (Números 20.12). También Dios le dijo a Aarón, después de que el Señor matara a sus dos hijos, Nadab y Abiú, ante el altar de las ofrendas por no honrar su nombre: «En los que a mí se acercan me santificaré, y en presencia de todo el pueblo seré glorificado» (Levítico 10.3).

Malaquías 2.2 continúa: «Enviaré maldición sobre vosotros, y maldeciré vuestras bendiciones; y aun las he maldecido, porque no os habéis decidido de corazón». La maldición es algo implacable y horrible que no nos deja progresar en esta vida, hasta el punto de maldecir lo bueno. La maldición se extiende hasta llegar a contaminar profundamente nuestras palabras. Todo porque usted no da como es debido; porque no honra a Dios con su vida, la cual también son sus bienes.

«He aquí, yo os dañaré la sementera, y os echaré al rostro el estiércol, el estiércol de vuestros animales sacrificados, y seréis arrojados juntamente con él» (v. 3). La maldición es algo tan poderoso que alcanzará incluso a nuestros nietos. Ellos serán tocados por la maldición que portamos. El Señor enviará vergüenza sobre nosotros y nuestros descendientes, echando estiércol en nuestros rostros como testimonio de nuestra deshonra.

Ahora continuemos hacia atrás, desde el fin de Malaquías hacia el principio.

«Maldito el que engaña, el que teniendo machos en su rebaño, promete, y sacrifica a Jehová lo dañado. Porque yo soy Gran Rey, dice Jehová de los ejércitos, *y mi nombre es temible entre las naciones*» (Malaquías 1.14, énfasis añadido). El nombre del Señor está en juego. Su pueblo lo ha de honrar con lo mejor por el bien de su nombre, para que ese nombre sea tenido por santo ante todo. La grandeza y el poder se han degradado con falta de honra. Dios es un gran Rey y no necesita lo que el pueblo ofrece. Sin embargo, es necesario tomar en cuenta que mientras más grande sea el Rey, más grandiosa debe ser la ofrenda.

Un principio dice: Honra al que merece honra. Sin embargo, la gente se atreve a hacer voto de dar el mejor macho de su rebaño, para luego echarse atrás y entregar a Dios un macho con imperfección. Estas son las ofrendas que sobran, las cuales tienen poco valor para el dador. Como ya lo hemos analizado en este libro, Dios no puede, ni acepta, lo que sobra. El Señor no es un juguete para que la gente juegue con Él. ¿No es Él el Dios Creador, santo y temido?

Este panorama es muy común hoy día, y gran parte del mundo cristiano está deshonrando el nombre de Dios en esta área. Estadísticas recientes muestran que sólo el 12 por ciento de la congregación cristiana diezma. ¿Dónde está el problema? Eso muestra que el 88 por ciento de la iglesia no está honrando a Dios, lo cual no representa un problema económico sino espiritual. Si pudiéramos arreglar el problema espiritual, liberaríamos las manos generosas de Dios.

Recordemos algo muy importante: *¡No hemos dado nada a Dios cuando diezmamos! ¡Comenzamos a dar con nuestras ofrendas!* Esto es así porque que el diezmo es de Dios. La iglesia no necesita mejor administración económica ni programas para despertar la conciencia de las personas, para que estas puedan dar constantemente. Lo que necesita la iglesia es un mejor entendimiento de quién es Dios y de qué significa deshonrarlo. Lo que falta es temor del Señor, gran reverencia y respeto ante su presencia.

Nuestras ofrendas están orientadas a proyectos para cumplir metas de la iglesia. Sin embargo, ¿qué pasa cuando el proyecto ha terminado? ¿Dejamos de dar? ¡No! El pueblo de Dios debe comprender que Él no necesita nuestra ayuda. Él quiere adoración. Las metas son buenas y los proyectos son maravillosos, pero debemos asegurarnos de estar honrando a Dios en todo esto. No se honra al Señor dando o cumpliendo una sola vez. Dios quiere una vida de continua adoración y honra, pues Él es santo.

«Habéis además dicho: ¡Oh, qué fastidio es esto! y me despreciáis, dice Jehová de los ejércitos» (v. 13). Llevar lo que pertenece a Dios no debería ser una carga ni algo fastidioso. Usted se llena de gozo, no de tristeza, cuando incluye la honra a Dios en sus diezmos. Observe cómo el Señor ve esta actitud de fastidio cuando usted da: «Dices que te fastidia, como si yo no fuera nada para ti. Cuando devalúas lo que me traes, me estás despreciando profundamente». Dios repite en este versículo lo que ya ha manifestado antes: *«No aceptaré esto de tu mano».*

Quienes cierran las puertas de la iglesia

Malaquías 1.10 nos advierte: «¿Quién también hay de vosotros que cierre las puertas o alumbre mi altar de balde? Yo no tengo complacencia en vosotros, dice Jehová de los ejércitos, ni de vuestra mano aceptaré ofrenda». Aquí Dios nos está diciendo que si no hemos de honrarlo en su templo con nuestras ofrendas, ni siquiera abramos las puertas. Lo que haríamos sería algo inútil, al pretender que tenemos devoción de corazón hacia el Señor. Él vuelve a proclamar esta poderosa declaración: *«No aceptaré ofrenda de tu mano».*

Dios nos da aquí su razón para honrarlo: Mejorar nuestra relación con Él. El Señor desea estar cerca de nosotros y participar en todas las áreas de nuestra vida. Honrarlo de esa manera abre la puerta a esa relación. Esto es como abrir la puerta de nuestro cuarto para que el Señor entre libremente y sea parte natural de nuestra vida.

Cuando lo que se lleva tiene defecto

«Y cuando ofrecéis el animal ciego para el sacrificio, ¿no es malo? Asimismo cuando ofrecéis el cojo o el enfermo, ¿no es malo? Preséntalo, pues, a tu príncipe; ¿acaso se agradará de ti, o le serás acepto? dice Jehová de los ejércitos» (v. 8). Imagine usted que lleva ante el Señor un buey maravilloso, el más fuerte que el Señor haya visto jamás. El buey ara un campo en un dos por tres y usted no necesita aparejarlo con otro buey. Sólo hay un pequeño problema con este animal: es ciego de un ojo y está un poco chueco, sólo un poco. Usted lo lleva como ofrenda.

—¿Necesitas este animal? —pregunta el Señor.

—No. Creo que no —responde usted.

—*¡Pues yo tampoco!* —replica Dios—. Porque yo quiero lo que tú valoras. Me honras cuando me das lo que aprecias porque tiene valor para ti, y por lo tanto tiene valor para mí.

Aceptación o rechazo

La parte final de Malaquías 8 clarifica que el asunto es de aceptación o de rechazo hacia el dador. En el caso de Caín, cuando su ofrenda fue rechazada, él también lo fue. Esto se debe a que Dios siempre ve la ofrenda como una expresión espiritual.

Si no se acepta el corazón, tampoco se acepta la ofrenda. Por eso Dios dice que vaya y la presente a alguien importante para usted, a alguien a quien quiera impresionar, y vea si acepta una ofrenda así. No la aceptará, pues solamente podemos honrar con lo que tiene valor para nosotros.

¿Dónde están mi honra y mi temor?

«El hijo honra al padre, y el siervo a su señor. Si, pues, soy yo Padre, *¿dónde está mi honra?* y si soy Señor, *¿dónde está mi temor?*» (v. 6, énfasis añadido). Aquí Dios está hablando de los diezmos y las ofrendas. Observe, sin embargo, que no menciona esto. ¿Por qué? Porque Él siempre lo ve como una honra y para Él no se trata de dinero. Ya hemos dicho muchas veces que Dios no acepta dinero; lo único que puede recibir viene del corazón. Eso es honra.

Ya hemos visto que el temor de Dios es reverencia y respeto. Cuando tememos a Dios lo estamos honrando. Este es el propósito del diezmo y las ofrendas. ¡Amén!

VICENTE MONTAÑO

P.O. BOX 901

Spring Valley, CA 91976

Oficina: (619) 660-2087

www.vicentemontano.com

cantoman1@aol.com